현지에서 바로 쓰는

동남아 5개국 여행회화

PHILIPPINES -ENGLISH-

THAILAND

VIETNAM

LAOS

CAMBODIA

PHILIPPINES
-ENGLISH-

THAILAND

VIETNAM

LAOS

CAMBODIA

현지에서 바로 쓰는

동남아 5개국 여행회화

예스북

현지에서 바로 쓰는
동남아 5개국 여행회화

1쇄 인쇄 | 2017년 5월 23일
1쇄 발행 | 2017년 5월 30일

지은이 | 필리핀(영어) **김복리** 태국어 **강파닛 삐야파(파)** 베트남어 **뜨영 화이**
라오스어 **모나** 캄보디아어 **니억 삐썻**
펴낸이 | 양봉숙
디자인 | 김선희
편 집 | 정서진
마케팅 | 이주철

펴 낸 곳 | 예스북
출판등록 | 제320-2005-25호 2005년 3월 21일
주 소 | 서울시 마포구 서강로 131 신촌아이스페이스 1107호
전 화 | (02)337-3054
팩 스 | 0504-190-1001
E-mail | yesbooks@naver.com
홈페이지 | www.e-yesbook.co.kr

ISBN 978-89-92197-81-6 03790

값 10,800원

이 책을 시작하면서

Southeast Asia

이 책은 동남아 주요 5개국을 여행하는 여행자들이 기본적인 의사소통이 가능하도록 카테고리별로 나누어 여러 상황에 대처할 수 있는 핵심 여행 회화 표현을 담았습니다. 동남아 여행을 하면서 겪게 될 다양한 상황별 회화 즉, 출발해서 귀국하기까지의 기본 회화 표현과 단어들을 여행지와 장소에 맞게 바로 찾아서 대처할 수 있도록 구성하였습니다. 전 세계 국제어인 영어를 비롯하여 태국어, 베트남어, 라오스어, 캄보디아어의 5개의 언어를 동일한 내용으로 구성 통합한 이 책은 어느 나라에서든 발생할 수 있는 유사한 상황에 시의적절하게 활용할 수 있을 것입니다. 이는 외국을 여행하면서 겪게 되는 여행지의 상황이라는 큰 틀에서 보면 접하게 될 상황들이 상당히 유사하기 때문입니다. 아울러 언제 어디서나 쉽게 찾아볼 수 있도록 파트별로, 소제목별로, 상황별로 그 내용을 나누어 콕콕 짚어주는 핵심표현들을 바로바로 찾을 수 있을 것입니다. 또한, 언어에 자신이 없는 여행자들을 위하여 모든 문장과 단어 아래에 해당 언어의 독음을 추가하였습니다. 비록 정확한 발음을 구사하지 못한다 해도 긴급하거나 다급한 상황에서 이 독음을 전하는 것만으로도 유용하게 의사소통이 가능한 경우가 있으리라고 생각합니다.

이 책은 입에 꼭 달고 다녀야 할 여행에서 많이 쓰는 기본표현 3개와 기본 단어 16개로 각 파트를 시작합니다. 이어 본문에서는 9개의 카테고리로 나누어 4개씩의 상황을 설정하여 그에 맞는 핵심표현들을 정리하였습니다. 각 상황은 빠르게 찾고 이해하기 쉽도록 우리말을 먼저 제시하고 그에 해당하는 언어로 번역하고 독음을 추가하였습니다.

해외여행이 빈번해지고 있는 요즘 언어 때문에 주저하고 불편한 여행이 아니라, 수많은 외국인과 만나고 헤어지는 과정에서 즐거운 여행이 될 수 있도록 부디 이 책이 여행자들의 추억에 유익한 보탬이 될 수 있기를 기원합니다.

영어 저자 김 복 리

목차

Southeast Asia

PHILIPPINES -ENGLISH-

THAILAND

VIETNAM

LAOS

CAMBODIA

나라별 핵심표현 베스트 Southeast Asia

01 PHILIPPINES -ENGLISH-

Where is ~? ~은 어디에 있나요?
~, please. ~을 부탁합니다.
Would you ~? ~해 주시겠어요?
May I ~? 제가 ~해도 되나요?
I'd like to ~ 저는 ~을 하고 싶어요.

02 THAILAND

~ อยู่ที่ไหน(ครับ)คะ?
~은 어디에 있나요?
รบกวน~(ครับ)ค่ะ ~을 부탁합니다.
จะทำ ~ให้ไหม(ครับ)คะ?
~해 주시겠어요?
(ผม)ดิฉันทำ~ได้ไหมครับ?
제가 ~해도 되나요?
ผม(ดิฉัน)ต้องการทำ~(ครับ)ค่ะ
저는 ~을 하고 싶어요.

03 VIETNAM

~ ở đâu? ~은 어디에 있나요?
Làm ơn ~ ~을 부탁합니다
Có thể ~ ? ~해 주시겠어요?
Tôi có thể ~ được không? 제가 ~해도 되나요?
Tôi muốn ~ 저는 ~을 하고 싶어요.

04 LAOS

~ຢູ່ໃສ? ~은 어디에 있나요?
ຊ່ວຍລົບກວນ~ ໃຫ້ແນ່ ~을 부탁합니다.
~ໄດ້ບໍ່? ~해 주시겠어요?
ຂ້ອຍ~ແນ່ໄດ້ບໍ່? 제가 ~해도 되나요?
ຂ້ອຍຕ້ອງການ~ 저는 ~을 하고 싶어요.

05 CAMBODIA

~នៅឯណា? ~은 어디에 있나요?
ខ្ញុំចង់ពឹង~ ~을 부탁합니다.
តើអាចជួយ~? ~해 주시겠어요?
តើខ្ញុំអាច~? 제가 ~해도 되나요?
ខ្ញុំចង់~ 저는 ~을 하고 싶어요.

필리핀 관광명소

산아구스틴 교회 _ 필리핀 마닐라에 위치하고 있으며,1993년 유네스코 세계문화유산으로 등재된 4개의 바로크교회 건축물 중 하나이다.

리잘공원 _ 필리핀 독립운동가 호세 리잘이 처형된 곳에 세워진 공원이다. 마닐라에 위치하고 있으며, 부근에 필리핀 국회의사당과 관공서들이 자리하고 있다.

타알 화산 _ 필리핀 루손 섬 타알호 안에 있는 화산이다. 높이는 300m 이며 세계에서 가장 작은 활화산으로 알려져 있다. 타알 화산을 감싸고 있는 타알 호수의 아름다운 풍경이 보는 이의 눈을 사로잡는다.

태국의 수도 : 방콕, 아시아의 진주 '푸켓'

카오산 로드 _ 세계각국의 젊은이들로 붐비는 이 거리는 방콕 왕궁에서 약 1km 떨어진 방람 푸 시장 근처에 형성되었다. 300m 남짓한 짧은 거리이지만, 다양한 먹을거리와 함께 전세계 배낭여행객들이 모이는 거리로 유명하다.

방콕왕궁 _ 1782년 라마 1세때 수도를 방콕으로 옮기면서 건축이 시작된 왕궁이다. 그 안에 제사를 모시는 왕실 수호 사원 '왓 프라깨 우'가 있는데, 태국에서 가장 신성시하는 최고의 사원으로 알려져 있다.

팡아 만 해양 국립공원 _ 팡아만은 기이하고 신비한 형태의 석회암과 기암괴석으로 이루어진 해양국립공원이다. 이 중에서 특히 영화 007시리즈 주인공의 이름을 딴 '제임스 본드 섬'이 유명하다. (본래 이름은 '못 섬(Nail Island)'이라는 뜻인 타푸 섬이다.)

베트남의 중심 : 하노이

옌뜨 _ 케이블카를 타고 옌뜨 지역의 명산과 사원을 바라보는 전경이 일품이다. 옌뜨 자이완 사원은 석가모니의 진사리 및 베트남 고승들의 사리탑 500여 개가 모셔져 있는 북부지역의 대표적인 사원이다.

하롱베이 _ 하롱베이 국립공원은 하노이의 동쪽에 위치하며 그 미려한 장관으로 유명하다. 베트남에서 가장 아름다운 국립공원으로 전체 국토 중 1553㎢를 차지하고 있다.

호안끼엠 호수 _ 하노이 중심에 펼쳐진 호안끼엠 호수는 도시의 상징이자 시민들의 휴식공간으로 사랑받는 곳이다. '호수의 도시'로 불리는 하노이에서 가장 대표적인 호수다.

호찌민 생가 _ 베트남의 영웅 호찌민이 1958년부터 11년 동안 거주한 집과 관저로 호찌민 묘 근처에 자리잡고 있다.

★호찌민 박물관은 매주 월, 금 휴관이다. 비가 있고 그 앞에는 돈키호테 동상이 있다.

문묘(文廟) 및 하노이 국립대학교 _ 문묘는 1070년대 공자의 위폐를 모시기 위해 세워진 사원이다. 경내에는 베트남 최초의 대학인 '국자감'이 세워져 있다. 하노이 국립대학교는 베트남 학문의 상징이며 20세기 초 전쟁으로 대부분 파괴되었다가 3번의 복원과정을 거쳐 현재의 모습이 되었다.

하노이 성요셉 성당 _ 하노이 성요셉 성당은 하노이 최대의 성당이며, 베트남이 프랑스 식민통치를 받던 시절인 1888년에 지어진 건물이다. 실내가 스테인드 글라스로 장식된 매우 아름다운 성당으로 유명하다.

라오스의 : 비엔티엔

파탓루앙 _ '위대한 불탑'이라는 의미를 가진 파탓루앙은 16세기 셋타티랏(Setthathirat)왕 시대에 건축된 부처의 사리탑으로 도심으로부터 4km 거리의 타논 탓루앙(Thanon That Luang)의 끝, 13세기 초에 세워진 캄보디아사원 안에 있다. 이 건물의 건축양식은 라오스 전통문화의 영향을 받은 것으로 불교도와 라오스 독립에 상징적인 의미가 담긴, 라오스에서 가장 중요한 국가 기념물로 여겨진다.

왓 씨앙쿠앙 _ 불상을 전시해 놓은 왓 씨앙쿠앙은 시내와는 조금 떨어져 있지만, 태국과 라오스 국경 근처에 자리 잡고 있는 곳으로 루앙 분르아 쑤리랏 이라는 조각가가 힌두와 불교의 원리를 형상화한 곳으로 괴기스럽고 우스꽝스럽게 조각된 석상들이 모여 있으며 자연을 즐기며 여유롭게 휴식을 취하기에 좋은 장소이다.
★카메라 입장료를 따로 받는다.

빠뚜싸이 _ 승리의 문이라는 뜻의 이 건물은 란쌍 대로의 북쪽 끝에 위치하고 있어서 꼭대기로 올라가면 비엔티안 시내를 한눈에 내려다볼 수 있다. 1958년 프랑스로부터의 독립을 기념하기 위해 세운 시멘트 건축물로써 프랑스 개선문의 디자인을 모방하여 만들어졌다.

캄보디아 여행

앙코르 와트 _ '죽기 전에 꼭 봐야 하는 유적지' 중 하나이자 세계 7대 불가사의 중 하나인 앙코르와트는 시엠레아프에서 북쪽으로 약 6㎞에 있다. 대부분 사원이 동쪽을 향해 있는 데 비해 앙코르 사원은 태양과 달의 움직임을 반영해 서쪽을 향하고 있다. 앙코르의 유적 중 가장 잘 보존된 편으로 섬세함과 균형에 있어 최고로 꼽히는 아름다운 건축물이다.

타프롬 사원 _ 불교의 수호자임을 선언한 자야바르만 7세가 앙코르 톰을 만들기 전에 모후의 극락왕생을 기리기 위해 세운 불교 사원이다. 지금은 거의 폐허가 되어 가는 사원 위에 자라는 커다란 나무가 인상적이며 나무뿌리가 벽과 지붕에 내려앉고 담과 문을 휘감고 있는 독특한 모습 경관을 볼 수 있다.

바욘사원 _ 앙코르와트 다음으로 많은 관광객들이 방문하는 곳으로 알려져 있다. 12세기 후반 자야바르만 7세에 의해 건립되었으며, 앙코르 톰 정 중앙에 위치하고 있다. 200여개의 얼굴로 구성된 54개의 탑이 있고, 거대한 돌로 만들어진 얼굴 조각의 미소가 보는 이들의 눈길을 잡는다.

앙코르 톰 _ '위대한 도시'라는 의미를 지닌 앙코르 톰은 왕국의 수도로써 자야바르만 7세에 의해 건설되었다. 한 변의 길이가 약 3km에 이르며 정사각형 모습을 띠고 있고, 8m에 달하는 성벽과 너비가 113m가 이르는 해자로 둘러싸여 있다.

PHILIPPINES
-ENGLISH-

THAILAND

VIETNAM

LAOS

CAMBODIA

PHILPPINES
-ENGLISH-

Unit1. 기내에서 On the plane
Unit2. 공항에서 At the airport
Unit3. 숙소에서 At accommodations
Unit4. 거리에서 On the street
Unit5. 관광지에서 At sightseeing
Unit6. 식당에서 At the restaurants
Unit7. 상점에서 At the shops
Unit8. 공공기관에서 At public offices
Unit9. 문제가 생겼을 때 In troubles
Unit10. 귀국할 때 On homecoming

Unit 1 기내에서 On the plane

기내에서 쓰는 표현 Best 3

- 제 좌석은 어디죠? — **Where is my seat?** 웨어리즈 마이 씨트
- 닭고기 주세요. — **Chicken, please.** 치킨, 플리즈
- 담요 한 장 주시겠어요? — **May I have a blanket?** 메이 아이 해버 블랜킷

기본단어

여권	**passport**	패스포트	탑승권	**boarding pass**	보딩 패스
비자	**visa**	비자	1등석	**first class**	퍼스트 클래스
비즈니스석	**business class**	비즈니스 클래스	일반석	**economy class**	이코노미 클래스
기장	**captain**	캡틴	창가 쪽 좌석	**window seat**	윈도우 씨트일
통로 쪽 좌석	**aisle seat**	아일 씨트	식사 테이블	**tray table**	츄뤠이 테이블
기내 화장실	**lavatory**	레버토리	비어 있음	**vacant**	베이컨트
사용 중	**occupied**	아큐파이드	입국카드	**landing card**	랜딩 카드
담요	**blanket**	블랜킷	헤드폰	**headset**	헤드셋

기내에서 많이 쓰는 핵심표현

자리를 찾을 때

- 제 좌석은 어디죠? **Where is my seat?** 웨어리즈 마이 씨트
- 33A는 어디예요? **Where is 33A?** 웨어리즈 써티쓰리에이
- 제 자리 찾는 것을 도와주시겠어요? **Would you help me find my seat?** 우쥬 헬 미 파인 마이 씨트

자리를 바꾸고 싶을 때

- 친구랑 제 좌석이 떨어져 있어요. **My friend's and my seat are not together.** 마이 프렌즈 앤 마이 씨트 아 낫 투게더
- 좌석을 바꿀 수 있을까요? **Could we change seats?** 쿠드 위 체인지 씨츠
- 제 자리와 바꿀 수 있을까요? **Would you mind trading seats with me?** 우쥬 마인드 츄뤠이딩 씨츠 위드 미

좌석이 불편할 때

- 좌석을 뒤로 눕혀도 될까요? **May I recline my seat?** 메이 아이 뤼클라인 마이 씨트
- 좌석을 차지 말아주세요. **Please stop kicking the seat.** 플리즈 스탑 킥킹 더 씨트
- 좌석을 앞으로 좀 당겨주시겠어요? **Can you pull your seat forward a bit?** 캔 유 풀 유어 씨트 포워드 어 빗

식사를 주문할 때

- 닭고기 주세요. **Chicken, please.** 치킨, 플리즈

- 소고기 주세요. **I'll have the beef, please.** 아일 해브 더 비프, 플리즈
- 고추장 있어요? **Do you have red pepper paste?** 두 유 해브 뤠드 페퍼 페이스트
- 이것으로 부탁합니다. **I'll take this one.** 아일 테익 디스 원

음료를 주문할 때

- 오렌지 주스 있어요? **Do you have orange juice?** 두 유 해브 오륀쥐 주스

- 커피 좀 주세요. **Can I have some coffee, please?** 캔 아이 해브 썸 커피, 플리즈
- 시원하게 마실 것을 주시겠어요? **Could I have something cold to drink?** 쿠드 아이 해브 썸씽 코울드 투 쥬륑크
- 물 한 잔 주세요. **I'd like a glass of water, please.** 아이드 라이커 글라스 어브 워터, 플리즈

화장실에 가고 싶을 때

- 실례지만, 화장실이 어디 있어요? **Excuse me, where is the restroom?** 익스큐즈 미, 웨어리즈 더 뤠스트룸

- 지금 화장실에 가도 될까요? **Can I go to the lavatory now?** 캔 아니 고우 투 더 레버토리 나우
- 화장실에 휴지가 없어요. **There is no toilet paper in the lavatory.** 데어 이즈 노 토일릿 페이퍼 인 더 래버토리
- 화장실이 어디예요? **Where can I wash my hands?** 웨어 캔 아이 워쉬 마이 핸즈

필요한 물건을 달라고 할 때

- 담요 한 장 주시겠어요? **May I have a blanket?** 메이 아이 해버 블랜킷
- 읽을 것 좀 주시겠어요? **Could I have something to read?** 쿠드 아이 해브 썸씽 투 리드
- 수면용 안대를 가져다 주실 수 있나요? **Can I get a sleep mask?** 캔 아이 게러 슬립 마스크
- 한국어 신문이 있나요? **Do you have any Korean newspapers?** 두 유 해브 애니 코뤼언 뉴스페이퍼즈

도착에 관해서 물을 때

- 예정대로 도착하나요? **Is the plane on time?** 이즈 더 플레인 온 타임
- 런던은 몇 시에 도착하나요? **What time do we arrive in London?** 왓 타임 두 위 어롸이브 인 런던
- 얼마나 지연될까요? **How long will it be delayed?** 하우 롱 윌 잇 비 딜레이드
- 도착 시간은 언제인가요? **When is the arrival time?** 웬 이즈 디 어롸이벌 타임

입국 신고서 작성할 때

- 서류 작성법을 가르쳐주시겠어요? **Could you tell me how to fill in this form?** 쿠쥬 텔 미 하우 투 필 인 디스 폼
- 여기에는 무엇을 쓰는 건가요? **What do I fill out here?** 왓 두 아이 필 아웃 히어
- 제 입국 신고서를 봐주시겠어요? **Could you check my landing card?** 쿠쥬 첵 마이 랜딩 카드
- 입국 신고서 작성을 도와주세요. **Please help me with this entry card.** 플리즈 헬미 윗 디스 엔추뤼 카드

Unit 2 공항에서 At the airport

공항에서 쓰는 표현 Best 3

- 어디에서 오셨나요?
  Where are you from?
  웨어 아 유 프롬
- 직업이 무엇인가요?
  What's your job?
  왓츠 유어 잡
- 방문 목적이 무엇인가요?
  What's the purpose of your visit?
  왓츠 더 퍼퍼스 오브 유어 비짓

기본단어

항공사	**airline**	에어라인
도착	**arrival**	어롸이벌
보안 검색	**security check**	씨큐러티 첵
탑승 수속대	**check-in counter**	체크 인 카운터
탑승구	**boarding gate**	보딩 게이트
세관	**customs**	커스텀즈
신고하다	**declare**	디클레어
유실물 취급소	**lost and found office**	로스트 앤 파운드 오피스
출발	**departure**	디파춰
환승하다	**transfer**	트랜스퍼
수하물 찾는 곳	**baggage claim**	배기쥐 클레임
탑승 대기실	**boarding lounge**	보딩 라운지
입국 심사	**immigration**	이미그뤠이션
무관세	**duty-free**	듀티 프리
목적지	**destination**	데스티네이션
환전	**money exchange**	머니 익스체인지

공항에서 많이 쓰는 핵심표현

탑승에 대해 물을 때

- 몇 시에 탑승 시작하나요? **What time does boarding begin?**
  왓 타임 더즈 보딩 비긴
- 몇 번 게이트로 가야 하나요? **Which gate should I go to?**
  위치 게이트 슈드 다이 고우 투
- 이거 기내에 가지고 탑승해도 되나요? **Is it okay to take this on the flight?**
  이즈 잇 오케이 투 테익 디스 온 더 플라잇

직업을 물어볼 때

- 직업이 무엇인가요? **What's your job?**
  왓츠 유어 잡
- 어떤 직종이세요? **What line of work are you in?**
  왓 라인 어브 웍 아 유 인
- 무슨 일을 하시나요? **What do you do?**
  왓 두 유 두

직업을 말할 때

- 저는 사업을 해요. **I'm a businessman.**
  아임 어 비즈니스맨
- 저는 회사원이에요. **I'm an office worker.**
  아임 언 오피스 워커
- 저는 주부예요. **I'm a homemaker.**
  아임 어 홈메이커

입국 심사대 통과할 때

- 여권을 보여주세요. **May I see your passport, please?**
  메이 아이 씨 유어 패스포트, 플리즈

- 어디에서 오셨나요? **Where are you from?**
  웨어 아 유 프롬
- 한국에서 왔어요. **I'm from Korea.**
  아임 프롬 코뤼어
- 방문 목적이 무엇인가요? **What's the purpose of your visit?**
  왓츠 더 퍼퍼스 오브 유어 비짓
- 관광입니다. **For sightseeing.**
  포 싸잇씨잉
- 휴가 차 왔어요. **I'm here for vacation.**
  아임 히어 포 베게이션
- 얼마나 머무실 건가요? **How long will you be staying?**
  하우 롱 윌 유 비 스떼이잉
- 일주일 정도요. **For about a week.**
  포 어바웃 어 위크
- 어디에서 숙박하실 건가요? **Where are you going to stay?**
  웨어 아 유 고잉 투 스테이
- 힐튼 호텔에서 묵을 겁니다. **I'm going to stay at the Hilton.**
  아임 고잉 투 스테이 앳 더 힐튼
- 돌아가는 항공권을 보여주세요. **Show me your return ticket, please.**
  쇼유 미 유어 뤼턴 티켓, 플리즈

짐을 찾을 때

- 짐은 어디에서 찾나요? **Where can I get my baggage?**
  웨어 캔 아이 겟 마이 배기쥐

- 제 수하물은 어디에서 찾을 수 있죠? **Where can I pick up my baggage?**
  웨어 캔 아이 픽컵 마이 배기쥐
- 제 짐이 보이지 않아요. **I can't find my baggage.**
  아이 캔트 파인드 마이 배기쥐

세관을 통과할 때

- 여권과 세관 신고서를 주세요. **Your passport and declaration card, please.**
  유어 패스포트 앤 데클러퉤이션 카드, 플리즈

- 세관 신고서를 보여주시겠습니까? **May I see your customs declaration?**
  메이 아이 씨 유어 커스텀즈 데클러퉤이션
- 세관 신고할 물건이 있나요? **Do you have anything to declare?**
  두 유 해브 애니씽 투 디클레어
- 아니 없습니다. **No, nothing.**
  노, 나씽

환승할 때

- 저는 런던행 환승객입니다. **I'm a transit passenger for London.**
  아임 어 트랜짓 패씬줘 포 런던

- 갈아타는 곳이 어디인가요? **Where is the transit counter?**
  웨어리즈 더 트랜짓 카운터
- 경유시간은 얼마나 되나요? **How long is the layover?**
  하우 롱 이즈 더 레이오우버
- 시드니행 환승 비행기를 놓쳤어요. **I missed my connecting flight to Sydney.**
  아이 미쓰트 마이 커넥팅 플라잇 투 시드니

환전할 때

- 환전소는 어디인가요? **Where is the money change?**
  웨어리즈 더 머니 체인쥐

- 어디에서 환전하나요? **Where can I exchange money?**
  웨어 캔 아이 익스체인쥐 머니
- 달러로 바꿔주세요. **Change this into dollars, please.**
  체인쥐 디스 인투 달라즈, 플리즈
- 환전을 하고 싶은데요. **I want to exchange some money.**
  아이 원투 익스체인쥐 썸 머니

Unit 3 숙소에서 At accommodations

숙소에서 쓰는 표현 Best 3

- 체크인하고 싶은데요. — **I'd like to check in, please.** 아이드 라익 투 체크 인, 플리즈
- 아침 7시에 깨워주세요. — **Please wake me up at 7 a.m.** 플리즈 웨익 미 업 앳 쎄븐 에이엠
- 아침 식사 시간은 몇 시예요? — **What time do you serve breakfast?** 왓 타임 두 유 써브 브렉퍼스트

기본단어

입실 수속	check-in	체크 인	퇴실 수속	check-out	체크 아웃
예약	reservation	뤠저베이션	보증금	deposit	디파짓
성수기	peak season	피크 씨즌	비수기	off season	오프 씨즌
손님	guest	게스트	청구서	bill	빌
봉사료	service charge	써비스 촤쥐	세탁물	laundry	런드리
영수증	receipt	뤼씨트	입구	entrance	엔츄뤈스
비상구	emergency exit	이머전시 엑씻	예약 확인서	confirmation	컨퍼메이션
숙박 카드	registration card	뤠지스트뤠이션 카드	귀중품 보관소	safety deposit box	세이프티 디파짓 박스

숙소에서 많이 쓰는 핵심표현

체크인을 할 때

- 체크인하고 싶은데요. **I'd like to check in, please.**
  아이드 라익 투 체크 인, 플리즈

- 마샤 강으로 예약을 했습니다. **I have a reservation under Marsha Kang.**
  아이 해브 어 뤠져베이션 언더 마샤 강
- 이것이 예약 확인증이에요. **This is the confirmation.**
  디스 이즈 더 컨퍼메이션

룸이 마음에 들지 않을 때

- 방이 마음에 들지 않아요. **I don't like this room.**
  아이 돈 라익 디스 룸

- 방을 바꿔주세요. **I'd like to change my room.**
  아이드 라익 투 체인지 마이 룸
- 경치가 좋은 방을 주시면 좋겠어요. **I'd like a room with a view.**
  아이드 라이커 룸 위더 뷰

모닝콜을 부탁할 때

- 아침 7시에 깨워주세요. **Please wake me up at 7 a.m.**
  플리즈 웨익 미 업 앳 쎄븐 에이엠

- 아침 7시에 모닝콜 해주세요. **I'd like a wakeup call at 7 a.m.**
  아이드 라이커 웨이컵 콜 앳 쎄븐 에이엠
- 아침 7시에 모닝콜을 걸어주시겠어요? **Can I get a wakeup call at 7 a.m?**
  캔 아이 게러 웨이컵 콜 앳 쎄븐 에이엠

조식에 대해 문의할 때

- 아침 식사는 어디에서 하나요? **Where should I go for breakfast?** 웨어 슈다이 고우 포 브렉퍼스트
- 아침 식사 시간은 몇 시에요? **What time do you serve breakfast?** 왓 타임 두 유 써브 브렉퍼스트
- 아침 식사가 나오나요? **Do you serve breakfast?** 두 유 써브 브렉퍼스트
- 조식이 포함되어 있나요? **Is breakfast included?** 이즈 브렉퍼스트 인클루딛

물건을 갖다 달라고 할 때

- 비누를 갖다 주세요. **Please bring me soap.** 플리즈 브륑 미 쏘웁
- 타월을 더 주시겠어요? **Can I have more towels?** 캔 아이 해브 모어 타월즈
- 베개를 더 갖다 주세요. **Please give me more pillows.** 플리즈 기브 미 모어 필로우즈
- 화장지를 갖다 주세요. **Please get me some toilet paper.** 플리즈 겟 미 썸 토이릿 페이퍼

Wi-Fi에 대해 물을 때

- 여기 와이파이 되나요? **Can I connect to Wi-Fi here?** 캔 아이 커넥 투 와이 파이 히어
- 와이파이 비밀번호 뭐예요? **What's the Wi-Fi password?** 왓츠 더 와이 파이 패스워드
- 와이파이를 연결해 주세요. **Get me Wi-Fi, please.** 겟 미 와이 파이, 플리즈
- 무료 와이파이가 있나요? **Do you have free Wi-Fi?** 두 유 해브 프뤼 와이 파이

청소를 요청할 때

- 시트를 바꿔주세요. **Change the sheets, please.**
  체인쥐 더 쉬츠, 플리즈

- 침대를 정돈해 주세요. **Make the bed, please.**
  메익 더 베드, 플리즈
- 나가 있는 동안 방을 청소해 주세요. **Please clean my room while I'm out.**
  플리즈 클린 마이 룸 와일 아임 아웃
- 제 방 청소가 아직 안 되었네요. **My room hasn't been cleaned yet.**
  마이 룸 해즌 빈 클린드 옛

세탁 서비스를 받고 싶을 때

- 세탁 서비스가 있나요? **Is there laundry service?**
  이즈 데어 런드리 써비스

- 제 블라우스를 세탁해 주세요. **I want my blouse cleaned.**
  아 원 마이 블라우스 클린드
- 언제 다 됩니까? **When will it be ready?**
  웬 윌릿 비 뤠디
- 제 세탁물은 다 되었나요? **Is my laundry ready?**
  이즈 마이 런드리 뤠디

체크아웃할 때

- 체크아웃하려고요. **I'm checking out.**
  아임 체킹 아웃

- 체크아웃하고 싶은데요. **I'd like to check out.**
  아이드 라익투 체크 아웃
- 몇 시에 체크아웃해야 하나요? **What time should I check out?**
  왓 타임 슈다이 체크 아웃
- 체크아웃은 몇 시인가요? **When is check out time?**
  웬 이즈 체크 아웃 타임

Unit 4 거리에서 On the street

거리에서 쓰는 표현 Best 3

- 힐튼 호텔로 가 주세요.
  The Hilton, please.
  더 힐튼, 플리즈
- 거기까지 걸어갈 수 있나요?
  Can we walk there?
  캔 위 웍 데어
- 박물관은 어디 있나요?
  Where is the museum?
  웨어리즈 더 뮤지엄

기본단어

인도	**sidewalk** 싸이드웍	차도	**street** 스트릿
길	**road** 로우드	도로 표지판	**street sign** 스트릿 싸인
신호등	**traffic lights** 트래픽 라잇츠	지하철 갈아타는 곳	**Subway Transfer** 써브웨이 트랜스퍼
매표소	**ticket office** 티켓 오피스	예정대로	**on schedule** 온 스케쥴
급행열차	**express** 익스프레스	편도	**one way** 원 웨이
승객	**passenger** 패씬저	왕복	**round trip** 롸운드 트립
주의	**caution** 코션	위험	**danger** 데인저
주차금지	**no parking** 노 파킹	주차장	**parking lot** 파킹 랏

거리에서 많이 쓰는 핵심표현

길을 물을 때

- 실례합니다. 박물관에는 어떻게 가나요? **Excuse me. How can I get to the museum?** 익스큐즈 미. 하우 캔 아이 겟 투 더 뮤지엄
- 그곳에 어떻게 가는지 알려주세요. **Please tell me how to get there.** 플리즈 텔 미 하우 투 겟 데어
- 지하철까지 이 길로 가면 되나요? **Is this the way to the subway station?** 이즈 디스 더 웨이 투 더 써브웨이 스테이션

장소를 찾을 때

- 공중 화장실은 어디에 있어요? **Where is the public toilet?** 웨어리즈 더 퍼블릭 토일릿
- 박물관은 어디인가요? **Where is the museum?** 웨어리즈 더 뮤지엄
- 백화점은 어디인가요? **Where is the department store?** 웨어리즈 더 디파트먼트 스토어

소요 시간을 물을 때

- 여기에서 가까운가요? **Is it near here?** 이즈 잇 니어 히어
- 거기까지 걸어갈 수 있나요? **Can we walk there?** 캔 위 웍 데어
- 시간이 어느 정도 걸리나요? **How long does it take?** 하우 롱 더즈 잇 테익

길을 잃었을 때

- 길을 잃었어요. 도와주세요. **I'm lost. Please help.** 아임 로스트. 플리즈 헬프

- 실례합니다. 제가 지금 있는 곳이 지도에서 어디인가요? **Excuse me. Where am I on the map?** 익스큐즈 미. 웨어 엠 아이 온 더 맵
- 길을 잘못 들었어요. 여기가 어디예요? **We took the wrong way. Where are we?** 위 툭 더 롱 웨이. 웨어 아 위
- 저는 지하철을 찾고 있어요. **I'm looking for a subway station.** 아임 룩킹 포러 써브웨이 스테이션

상대방이 길을 물어볼 때

- 미안합니다. 저도 모릅니다. **Sorry. I don't know.** 쏘리. 아이 돈 노우

- 관광객이라 저도 잘 모릅니다. **I'm a tourist. I'm not sure myself.** 아임 어 투어뤼스트. 아임 낫 슈어 마이셀프
- 다른 사람에게 물어 보시죠. **Please ask someone else.** 플리즈 애스크 썸원 엘스

버스를 탈 때

- 버스 정류장은 어디인가요? **Where is the bus stop?** 웨어리즈 더 버스탑

- 어떤 버스가 시내로 가나요? **Which bus goes downtown?** 위치 버스 고우즈 다운타운
- 버스 시간표를 주시겠어요? **Can I have a bus timetable?** 캔 아이 해버 버스 타임테이블
- 이 버스 시내로 가나요? **Is this bus bound for downtown?** 이즈 디스 버스 바운드 포 다운타운

지하철을 탈 때

- 이 근처에 지하철역이 있나요? **Is the subway station near here?**
  이즈 더 써브웨이 스테이션 니어 히어

- 몇 호선이 공항 가나요? **What line goes to the airport?**
  왓 라인 고우즈 투 디 에어포트

- 자동 매표기는 어디 있나요? **Where is the ticket machine?**
  웨어리즈 더 티켓 머쉰

- 가장 가까운 지하철역까지 거리가 얼마나 되나요? **How far away is the nearest subway station?**
  하우 파 어웨이 이즈 더 니어뤼스트 써브웨이 스테이션

지하철을 탔을 때

- 갈아타야 해요? **Should I transfer?**
  슈다이 트랜스퍼

- 어디에서 갈아타야 해요? **Where should I transfer?**
  웨어 슈다이 트랜스퍼

- 이거 시청에 가나요? **Is this for City Hall?**
  이즈 디스 포 씨리 홀

- 다음이 채링 크로스 역인가요? **Is the next stop Charing Cross station?**
  이즈 더 넥스트 스탑 채링 크로스 스테이션

택시를 탈 때

- 택시 승강장은 어디인가요? **Where is the taxi stand?**
  웨어리즈 더 택시 스탠드

- 어디에서 택시를 탈 수 있어요? **Where can I take a taxi?**
  웨어 캔 아이 테이커 택시

- 트렁크를 열어주시겠어요? **Would you open the trunk?**
  우쥬 오픈 더 트렁크

- 이 주소로 가 주세요. **Take me to this address, please.**
  테익 미 투 디스 어드뤠스, 플리즈

Unit 5 관광지에서 At sightseeing

관광지에서 쓰는 표현 Best 3

- 이 도시에서 가장 유명한 것은 무엇인가요?
  What is the most famous thing in this city?
  왓 이즈 더 모스트 페이머스 씽 인 디스 씨티

- 입장료는 얼마인가요?
  How much is the admission fee?
  하우 머치 이즈 디 어드미션 피

- 여기에서 사진을 찍어도 되나요?
  May I take a picture here?
  메이 아이 테이커 픽춰 히어

기본표현

한국어	영어	발음
여행	tour	투어
관광객	tourist	투어뤼스트
관광	sightseeing	싸잇씨잉
시내 관광	city sightseeing	씨티 싸잇씨잉
반나절	half day	하프 데이
하루	full day	풀 데이
당일 여행	a day trip	어 데이 트립
추천하다	recommend	뤠커멘드
관광명소	tourist attractions	투어뤼스트 어트뤡션즈
입장료	admission fee	어드미션 피
전망대	observatory	업저버터리
계속되다	last	라스트
기념품	souvenir	쑤브니어
기념품점	gift shop	기프트 샵
줄	row	로우
인상적인	impressive	임프뤠시브

관광지에서 많이 쓰는 핵심표현

관광 안내소에서

- 무료 지도가 있나요? — **Do you have a free map?** 두 유 해버 프리 맵
- 관광 정보가 필요합니다. — **I need tourist information.** 아이 니드 투어리스트 인포메이션
- 런던 시내를 관광하고 싶은데요. — **I'd like to see the sights of London.** 아이드 라익 투 씨 더 싸잇츠 어브 런던

관광 정보를 수집할 때

- 이 도시에서 가장 유명한 것은 무엇인가요? — **What is the most famous thing in this city?** 왓 이즈 더 모스트 페이머스 씽 인 디스 씨티
- 갈 만한 곳을 추천해 주시겠어요? — **Could you recommend some interesting places?** 쿠쥬 뤠커멘드 썸 인터뤠스팅 플레이시즈
- 이 도시의 관광명소에는 어떤 것이 있나요? — **What are the tourist attractions in this city?** 왓 아 더 투어리스트 어트랙션즈 인 디스 시티

입장료를 물을 때

- 입장료는 얼마인가요? — **How much is the admission fee?** 하우 머치 이즈 디 어드미션 피
- 한 사람당 얼마인가요? — **How much is it for each person?** 하우 머치 이즈 잇 포 이치 퍼슨
- 어른 2장, 아이 1장 주세요. — **Two adults and one child, please.** 투 어덜츠 앤 원 차일드, 플리즈

투어 프로그램을 이용할 때

- 관광 버스 투어가 있나요? **Is there a sightseeing bus tour?**
  이즈 데어러 싸잇씨잉 버스 투어

- 시간이 얼마나 걸리나요? **How long does it last?**
  하우 롱 더즈 잇 라스트
- 투어는 매일 있나요? **Do you have tours every day?**
  두 유 해브 투어즈 에브리 데이
- 오전 투어가 있나요? **Is there a morning tour?**
  이즈 데어러 모닝 투어
- 야간 관광은 있나요? **Do you have a night tour?**
  두 유 해버 나잇 투어
- 몇 시에 떠나요? **When do you leave?**
  웬 두 유 리브
- 어디에서 출발하나요? **Where does it start?**
  웨어 더즈 잇 스타트

관광을 하면서

- 여기에 누가 살았었나요? **Who lived here?**
  후 리브드 히어

- 언제 지어진 건가요? **When was it built?**
  원 워즈 잇 빌트
- 저 건물은 무엇인가요? **What is that building?**
  왓 이즈 댓 빌딩
- 높이는 어느 정도인가요? **How high is it?**
  하우 하이 이즈 잇
- 몇 년이나 된 건가요? **How old is it?**
  하우 오울드 이즈 잇

투어 버스 안에서

- 자유 시간은 있나요? — **Do we get free time?** 두 위 겟 프리 타임
- 여기에서 얼마나 있나요? — **How long do we stop here?** 하우 롱 두 위 스탑 히어
- 몇 시에 돌아오나요? — **When do we come back?** 웬 두 위 컴 백
- 시간은 어느 정도 있나요? — **How long do we have?** 하우 롱 두 위 해브

촬영을 부탁할 때

- 사진을 찍어주시겠어요? — **Would you take a picture of us?** 우쥬 테이커 픽쳐 오브 어스
- 여기서 제 사진 좀 찍어주세요. — **Take a picture of me here, please.** 테이커 픽처 오브 미 히어, 플리즈
- 이 버튼을 누르세요. — **Press this button.** 프뤠스 디스 버튼
- 한 장 더 부탁합니다. — **One more, please.** 원 모어, 플리즈

촬영을 허락받을 때

- 여기에서 사진을 찍어도 되나요? — **May I take a picture here?** 메이 아이 테이커 픽춰 히어
- 플래시를 써도 되나요? — **Can I use flash?** 캔 아이 유즈 플래쉬
- 비디오를 찍어도 되나요? — **May I take a video?** 메이 아이 테이커 비디오
- 당신 사진을 찍어도 되나요? — **May I take your picture?** 메이 아이 테익 유어 픽춰

Unit 6 식당에서 At the restaurants

식당에서 쓰는 표현 Best 3

- 주문하시겠습니까?
  May I take your order?
  메이 아이 테익 유어 오더
- 스테이크 2인분 주세요.
  Two steaks, please.
  투 스테익스, 플리즈
- 소금 좀 갖다 주시겠어요?
  Could I have some salt?
  쿠다이 해브 썸 쏠트

기본단어

레스토랑	restaurant	뤠스터뤈트
식사	meal	밀
접시	plate	플레이트
예약석	reserved table	뤼저브드 테이블
소금	salt	쏠트
후추가루	pepper	페퍼
매운	hot	핫
짠	salty	솔티
주문	order	오더
요리	dish	디쉬
젓가락	chopsticks	찹스틱스
봉사료	service charge	써비스 촤쥐
설탕	sugar	슈거
식초	vinegar	뷔니거
싱거운	flat	플랫
달콤한	sweet	스윗

식당에서 많이 쓰는 핵심표현

식당을 찾을 때

- 식당을 찾고 있는데요. **I'm looking for a restaurant.** 아임 룩킹 포러 뤠스터뤈트
- 가장 가까운 식당은 어디인가요? **Where is the nearest restaurant?** 웨어리즈 더 니어뤼스트 뤠스터런트
- 이 시간에 문을 연 식당이 있나요? **Is there a restaurant open at this time?** 이즈 데어러 뤠스터런트 오픈 앳 디스 타임
- 가벼운 식사를 하고 싶은데요. **I'd like to have a light meal.** 아이드 라익 투 해버 라잇 밀
- 근처에 한국 식당이 있나요? **Is there a Korean restaurant near here?** 이즈 데어러 코뤼언 뤠스터뤈트 니어 히어

식당을 예약할 때

- 예약이 필요한가요? **Do you need a reservation?** 두 유 니드 어 뤠저베이션
- 오늘 밤 7시에 세 사람 자리를 예약하고 싶습니다. **I'd like to make a reservation for three at seven tonight.** 아이드 라익 투 메이커 뤠저베이션 포 쓰리 앳 쎄븐 투나잇
- 복장 규제가 있나요? **Is there a dress code?** 이즈 데어러 드뤠스 코드
- 일행이 몇 분인가요? **How large is your party?** 하우 라쥐 이즈 유어 파리
- 금연석으로 부탁합니다. **We'd like a non-smoking table.** 위드 라이커 논 스모킹 테이블
- 예약을 취소하고 싶습니다. **I want to cancel my reservation.** 아 원 투 캔슬 마이 뤠저베이션

주문할 때

◎ 주문하시겠어요?
Are you ready to order?
아 유 뤠디 투 오더

◎ 이제 주문하겠어요.
I'd like to order now.
아이드 라이크 투 오더 나우

◎ 스테이크 2인분 주세요.
Two steaks, please.
투 스테익스, 플리즈

◎ 스테이크는 어떻게 해 드릴까요?
How would you like your steak?
하우 우쥬 라익 유어 스테익

◎ 잘 익혀주세요.
Well done, please.
웰 던, 플리즈

◎ 어떤 음식을 추천해 주실 건가요?
What do you recommend here?
왓 두 유 뤠커멘드 히어

◎ 점심 특선은 무엇인가요?
What is your lunch special?
왓 이즈 유어 런치 스페셜

◎ 음료는 무엇으로 하시겠습니까?
Anything to drink?
애니씽 투 드륑크

◎ 아니, 됐어요. 그냥 물만 주세요.
No, thank you. Just water, please.
노, 땡큐. 저스트 워터, 플리즈

◎ 디저트는 뭐가 있어요?
What do you have for dessert?
왓 두 유 해브 포 디저트

계산할 때

◎ 계산서 주세요.
Check, please.
첵, 플리즈

◎ 제가 살게요.
It's on me.
잇츠 온 미

◎ 신용카드로 해도 되나요?
Do you take credit cards?
두 유 테익 크뤠딧 카즈

◎ 물론입니다. 여기에 서명해 주세요.
Of course. Just sign here.
어브 코스. 저스트 싸인 히어

패스트 푸드점에서 주문할 때

- 햄버거와 콜라주세요. **A hamburger and coke, please.**
  어 햄버거 앤 코우크, 플리즈

- 여기서 드시나요? 아니면 포장해 드릴까요? **For here or to go?**
  포 히어 오어 투 고우
- 포장해 주세요. **To go, please.**
  투 고우, 플리즈
- 어떤 사이즈로 하시겠습니까? **What size would you like?**
  왓 싸이즈 우쥬 라익
- 중간 사이즈로 주세요. **Medium, please.**
  미디엄, 플리즈
- 리필해 주세요. **Can I get a refill, please?**
  캔 아이 게러 리필, 플리즈

주문 요리에 문제가 있을 때

- 주문한 게 아직 안 나왔는데요. **My order hasn't come yet.**
  마이 오더 해즌 컴 옛

- 얼마나 기다려야 하나요? **How long do we have to wait?**
  하우 롱 두 위 해브 투 웨잇
- 커피 두 잔 주문했는데요. **I ordered two cups of coffee.**
  아이 오더드 투 컵스 오브 커피
- 주문을 확인해 주시겠어요? **Would you check my order?**
  우쥬 첵 마이 오더
- 다른 요리가 나왔어요. **This is the wrong dish.**
  디스 이즈 더 롱 디쉬
- 이것은 제가 주문한 게 아니에요. **This isn't what I ordered.**
  디스 이즌 왓 아이 오더드
- 차가 식었어요. **My tea isn't hot enough.**
  마이 티 이즌 핫 이너프
- 이 요리를 데워주세요. **Please warm this dish up.**
  플리즈 웜 디스 디쉬 업

Unit 7 상점에서 At the shops

상점에서 쓰는 표현 Best 3

- 어서 오세요. — **May I help you?** 메이 아이 헬프 유
- 그냥 좀 둘러보고 있어요. — **I'm just looking around.** 아임 저스트 룩킹 어롸운드
- 다른 것을 보여주세요. — **Show me another one, please.** 쇼유 미 언아더 원, 플리즈

기본단어

선물 가게	gift store 기프트 스토어	보석 가게	jewelry store 쥬얼뤼 스토어
할인 가게	discount shop 디스카운트 샵	편의점	convenience store 컨비니언스 스토어
종이 봉지	paper bag 페이퍼 백	비닐 봉지	plastic bag 플라스틱 백
계산원	cashier 캐쉬어	점원	clerk 클락
면	cotton 코튼	가죽	leather 레더
헐렁한	loose 루스	목걸이	necklace 넥클러스
귀걸이	earings 이어링즈	반지	ring 링
팔찌	bracelet 브뤠이슬릿	브로치	broach 브로우치

상점에서 많이 쓰는 핵심표현

쇼핑센터를 찾을 때

- 쇼핑센터는 어느 방향인가요? **Which way is the shopping center?** 위치 웨이 이즈 더 샤핑 센터
- 쇼핑몰은 어디인가요? **Where is the shopping mall?** 웨어리즈 더 샤핑 몰
- 쇼핑가는 어디에 있나요? **Where is the shopping area?** 웨어리즈 더 샤핑 에뤼어

가게를 찾을 때

- 편의점을 찾고 있는데요. **I'm looking for a convenience store.** 아임 룩킹 포러 컨비니언스 스토어
- 이 주변에 할인 가게가 있나요? **Is there a discount shop around hear?** 이즈 데어러 디스카운트 샵 어롸운드 히어
- 운동화는 어디서 사나요? **Where can I buy sneakers?** 웨어 캔 아이 바이 스니커즈

가게에 들어섰을 때

- 어서 오세요. **May I help you?** 메이 아이 헬프 유
- 좀 둘러봐도 되나요? **Can I look around?** 캔 아이 룩커롸운드
- 그냥 좀 둘러보고 있어요. **I'm just looking around.** 아임 저스트 룩킹 어롸운드

사고 싶은 물건을 찾을 때

- 스카프가 있나요? **Do you have a scarf?** 두 유 해버 스카프
- 선글라스를 찾고 있어요. **I'm looking for sunglasses.** 아임 룩킹 포 썬글라시즈
- 가장 인기 있는 건 무엇인가요? **What is the most popular?** 왓 이즈 더 모스트 파퓰러
- 기념품으로 좋은 게 있나요? **Is there something good for a souvenir?** 이즈 데어 썸씽 굳 포러 쑤브니어

물건을 보고 싶을 때

- 그걸 봐도 될까요? **May I see it?** 메이 아이 씨 잇
- 저것 좀 보여주세요. **Can you show me that?** 캔 유 쇼우 미 댓
- 이거 입어봐도 되나요? **Can I try this on?** 캔 아이 츄라이 디스 온
- 좀 더 작은 것이 있나요? **Do you have a smaller one?** 두 유 해버 스몰러 원

다른 물건을 찾을 때

- 다른 것은 없어요? **Can I see other items?** 캔 아이 씨 어더 아이템즈
- 다른 것을 보여주세요. **Show me another one, please.** 쇼유 미 언아더 원, 플리즈
- 좀 더 큰 것을 보여주시겠어요? **Could you show me a bigger one?** 쿠쥬 쇼우 미 어 비거 원
- 이 제품으로 다른 치수는 없어요? **Do you have this item in other sizes?** 두 유 해브 디스 아이템 인 아더 사이지즈

물건을 사지 않고 나올 때

- 좀 더 둘러보고 올게요. **I'll look around and come back.** 아일 룩커롸운드 앤 컴 백
- 다음에 다시 올게요. **I'll come back another time.** 아일 컴 백 언아더 타임
- 제가 찾던 것이 아니에요. **That's not what I was looking for.** 댓츠 낫 왓 아이 워즈 룩킹 포
- 미안합니다만 마음에 들지 않아요. **Sorry, but I don't like it.** 쏘리, 벗 아이 돈 라이킷

품질에 대해 물을 때

- 이것은 수제품인가요? **Is this hand-made?** 이즈 디스 핸드 메이드
- 품질은 좋은가요? **Is this of good quality?** 이즈 디스 오브 굳 퀄러티
- 품질이 나쁘네요. **It's of poor quality.** 이츠 오브 푸어 퀄러티
- 재질은 무엇인가요? **What's this made of?** 왓츠 디스 메이드 오브

가격을 물을 때

- 얼마예요? **How much?** 하우 머취
- 그거 얼마예요? **How much is it?** 하우 머취 이즈 잇
- 몇 퍼센트 할인해요? **What is the discount rate?** 왓 이즈 더 디스카운트 뤠이트
- 세일은 언제부터 하나요? **When are you having sales?** 웬 아 유 해빙 세일즈

Unit 8 공공기관에서 At public offices

공공기관에서 쓰는 표현 Best 3

- 배가 아파요.
  I have a stomachache.
  아이 해버 스터머케이크
- 여기에서 환전할 수 있나요?
  Can I exchange money here?
  캔 아이 익스체인지 머니 히어
- 보통 우편으로 보내주세요.
  I'd like to send this by regular mail.
  아이드 라익 투 쎈드 디스 바이 뤠귤러 메일

기본단어

소포	**parcel** 파슬	우표	**stamp** 스탬프
우체통	**mailbox** 메일박스	우편 요금	**postage** 포스티쥐
보통 우편	**regular mail** 뤠귤러 메일	지폐	**bill** 빌
동전	**coin** 코인	신용카드	**credit card** 크뤠딧 카드
신분증	**identity card** 아이덴터티 카드	환율	**exchange rate** 익스체인지 뤠이트
수수료	**charge** 좌쥐	현금자동지급기	**automatic teller machine** 오토메틱 텔러 머쉰
입금하다	**deposit** 디파짓	출금하다	**withdraw** 위드로
서명	**signature** 시그티춰	잔고	**balance** 밸런스

공공기관에서 많이 쓰는 핵심표현

우체국을 찾을 때

- 우체국은 어디에 있나요? **Where is the post office?**
  웨어리즈 더 포스트 오피스

- 우표는 어디서 사나요? **Where can I buy stamps?**
  웨어 캔 아이 바이 스탬스

- 우체통은 어디에 있나요? **Where is the mailbox?**
  웨어리즈 더 메일박스

편지를 보낼 때

- 우표를 사고 싶은데요. **I'd like to buy some stamps.**
  아이드 라익 투 바이 썸 스탬스

- 이거 우편요금이 얼마예요? **How much is the postage for this?**
  하우 머취 이즈 더 포스티쥐 포 디스

- 보통 우편으로 보내주세요. **I'd like to send this by regular mail.**
  아이드 라익 투 쎈드 디스 바이 뤠귤러 메일

소포를 보낼 때

- 이 소포를 한국에 보내고 싶어요. **I'd like to send this parcel to Korea.**
  아이드 라익 투 쎈드 디스 파슬 투 코뤼아

- 이것을 보내는 데 얼마예요? **How much is it to send this?**
  하우 머치 이즈 잇 투 쎈드 디스

- 소포용 박스가 있어요? **Do you have any boxes for parcels?**
  두 유 해브 애니 박시즈 포 파슬즈

은행에서

- 통장을 만들고 싶어요. **I'd like to open an account.** 아이드 라익 투 오픈 언 어카운트

- 현금카드를 만들어주세요. **I'd like to request a cash card.** 아이드 라익 투 뤼퀘스트 어 캐쉬 카드
- 입금하려고요. **I'd like to make a deposit.** 아이드 라익 투 메이커 디파짓
- 계좌 이체를 하고 싶습니다. **I'd like to make a transfer.** 아이드 라익 투 메이커 트랜스퍼
- 백 달러를 찾고 싶어요. **I'd like to withdraw a hundred dollars.** 아이드 라익 투 위드로우 어 헌드렛 달러즈

환전할 때

- 여기에서 환전할 수 있나요? **Can I exchange money here?** 캔 아이 익스체인지 머니 히어

- 어디에서 환전하나요? **Where can I exchange money?** 웨어 캔 아이 익스체인지 머니
- 원화를 미국 달러로 바꾸고 싶어요. **I'd like to exchange Korean Won into U.S. dollars.** 아이드 라익 투 익스체인지 코뤼인 원 인투 유에스 달러즈
- 오늘 환율은 어떻게 되죠? **What's the exchange rate today?** 왓츠 더 익스체인지 뤠이트 투데이

카드에 문제가 있을 때

- 카드를 분실했어요. **I lost my card.** 아이 로스트 마이 카드

- 카드를 정지해 주시겠어요? **Could you cancel my card?** 쿠쥬 캔슬 마이 카드
- 현금자동인출기에서 카드가 안 빠져요. **It doesn't come out of the ATM.** 잇 더즌 컴 아우러브 더 에이티엠

도서관에서

- 무엇을 도와 드릴까요? **May I help you?** 메이 아이 헬프 유
- 모비 딕을 찾고 있어요. **I'm looking for Moby Dick.** 아임 룩킹 포 모비 딕
- 이 책이 있는지 확인해 주세요. **Can you find this book for me?** 캔 유 파인드 디스 북 포 미
- 책을 빌리려면 회원카드가 필요해요? **Do I need a card to check out books?** 두 아이 니드 어 카드 투 체크 아웃 북스
- 도서관 회원카드가 없어요. **I don't have a library card.** 아이 돈 해버 라이브뤄뤼 카드

병원에서

- 진찰을 받고 싶어요. **I want to see a doctor.** 아 원투 씨 어 닥터
- 배가 아파요. **I have a stomachache.** 아이 해버 스터머케이크
- 어디가 아프세요? **Where does it hurt?** 웨어 더즈 잇 허트
- 언제쯤 결과를 알 수 있어요? **When can I get the result?** 웬 캔 아이 겟 더 뤼절트
- 입원해야 해요? **Do I have to be hospitalized?** 두 아이 해브 투 비 하스피털라이즈드

미용실에서

- 파마를 하고 싶어요. **I want to get a perm.** 아 원투 게러 펌
- 다듬기만 해 주세요. **Just a trim, please.** 저스트 어 츄림, 플리즈
- 헤어스타일을 바꾸고 싶어요. **I'd like to change my hair style.** 아이드 라익 투 췌인쥐 마이 헤어스타일

Unit 9 문제가 생겼을 때 In troubles

문제가 생겼을 때 쓰는 표현 Best 3

- 좀 더 천천히 말씀해 주세요. — **Speak more slowly, please.** 스피크 모어 슬로울리, 플리즈
- 긴급 상황입니다. — **It's an emergency.** 잇츠 언 이머전시
- 구급차를 불러주세요. — **Please call an ambulance.** 플리즈 콜 언 앰뷸런스

기본단어

응급 상황	**emergency** 이머전시	화장실	**restroom** 뤠스트룸
병원	**hospital** 하스피틀	약국	**drugstore** 드뤅스토어
경찰서	**police station** 폴리스 스테이션	통역사	**interpreter** 인터프뤼터
소매치기	**pickpocket** 픽포켓	도둑	**thief** 띠프
두통	**headache** 헤데이크	치통	**toothache** 투쓰에이크
복통	**stomachache** 스터머케이크	고통	**pain** 패인
데다	**burn** 번	삐다	**sprain** 스프뤠인
부러지다	**break** 브뤠이크	처방전	**prescription** 프뤼스크륍션

문제가 생겼을 때 많이 쓰는 핵심표현

의사소통이 되지 않을 때

- 영어를 할 줄 몰라요. **I can't speak English.** 아이 켄트 스피크 잉글리쉬
- 영어를 잘 못해요. **My English isn't good.** 마이 잉글리쉬 이즌 굳
- 영어로 설명할 수 없어요. **I can't explain it in English.** 아이 캔트 익스플레인 잇 인 잉글리쉬
- 좀 더 천천히 말씀해 주세요. **Speak more slowly, please.** 스피크 모어 슬로울리, 플리즈

통역을 부탁할 때

- 한국어 하는 사람 있나요? **Does anyone speak Korean?** 더즈 애니원 스피크 코뤼언
- 한국인 통역사를 불러주세요. **I need a Korean interpreter.** 아이 니드 어 코뤼언 인터프뤼터
- 한국인 통역사를 불러주시겠어요? **Can you get me a Korean interpreter?** 캔 유 겟 미 어 코뤼언 인터프뤼터

곤경에 처했을 때

- 어떻게 하면 좋죠? **What should I do?** 왓 슈라이 두
- 심각한 문제가 생겼어요. **We have a big problem.** 위 해버 빅 프롸블럼
- 지금 곤경에 처했어요. **I'm in big trouble now.** 아임 인 빅 트뤄블 나우

분실했을 때

- 유실물 센터는 어디인가요? **Where is the lost and found?** 웨어리즈 더 로스트 앤 파운드
- 아무리 찾아도 없어요. **I can't find it anywhere.** 아이 캔트 파인딧 애니웨어
- 어디서 잃어버렸는지 모르겠어요. **I'm not sure where I lost it.** 아임 낫 슈어 웨어 아이 로스팃
- 무엇을 잃어 버렸나요? **What did you lose?** 왓 디쥬 루즈

상황이 위급할 때

- 도와주세요! **Help!** 헬프
- 누구 없어요? **Is anybody here?** 이즈 애니바디 히어
- 경찰을 불러주세요. **Call the police, please.** 콜 더 폴리스, 플리즈
- 알았으니 해치지 마세요. **Okay. Don't hurt me.** 오케이. 돈 헛 미

경찰서에서

- 도난 신고를 하고 싶어요. **I want to report a theft.** 아이 원 투 리포트 어 떼프트
- 제 여권을 도난당했어요. **My passport was stolen.** 마이 패스포트 워즈 스톨른
- 지금 한국 대사관으로 연락해 주세요. **Please contact the Korean embassy now.** 플리즈 컨택 더 코뤼안 엠버시 나우
- 찾으면 한국으로 보내주세요. **Please send it to Korea, when you find it.** 플리즈 센딧 투 코뤼아, 웬 유 파인딧

사고를 당했을 때

- 의사를 불러주세요. — **Please call a doctor.** 플리즈 콜 어 닥터
- 진료를 받고 싶은데요. — **I'd like to see a doctor.** 아이드 라익 투 씨 어 닥터
- 제 친구가 교통 사고를 당했어요. — **My friend had a car accident.** 마이 프렌드 해드 어 카 액시던트
- 친구가 차에 치었어요. — **My friend was hit by a car.** 마이 프렌드 워즈 힛 바이 어 카
- 그를 병원으로 데려가 주시겠어요? — **Could you take him to a hospital?** 쿠쥬 테이킹 투 어 하스피틀

몸이 좋지 않을 때

- 몸이 아파요. — **I'm sick.** 아임 씩
- 멀미가 나요. — **I feel sick.** 아이 필 씩
- 몸이 좋지 않아요. — **I'm not feeling well.** 아임 낫 필링 웰
- 몸 상태가 이상해요. — **Something is wrong with me.** 썸씽 이즈 롱 윗 미

약국에서

- 처방전이 있어요? — **Do you have a prescription?** 두 유 해버 프뤼스크립션
- 이 처방전 약을 주세요. — **Fill this prescription, please.** 필 디스 프뤼스크립션, 플리즈
- 이 약의 복용법을 알려주세요. — **How should I take this medicine?** 하우 슈다이 테익 디스 메디슨
- 부작용이 있나요? — **Are there any side effects?** 아 데어 애니 싸이드 이팩츠

Unit 10 귀국할 때 On homecoming

귀국할 때 쓰는 표현 Best 3

- 인천행을 예약하고 싶어요. **I'd like to book a flight to Incheon.** 아이드 라익 투 북커 플라잇 투 인천
- 예약을 확인하고 싶어요. **I'd like to confirm my reservation.** 아이드 라익 투 컨펌 마이 뤠저베이션
- 예약을 변경하고 싶어요. **I'd like to change my reservation.** 아이드 라익 투 체인지 마이 뤠저베이션

기본단어

예약하다	**reserve** 뤼저브	탑승객	**passenger** 패신저
확인하다	**confirm** 컨펌	재확인하다	**reconfirm** 뤼컨펌
취소하다	**cancel** 캔슬	대한항공 카운터	**Korean air counter** 코뤼언 에어 카운터
면세점	**duty-free shop** 듀티-프뤼 샵	면세	**tax-free** 택스 프뤼
탑승권	**boarding card** 보딩 카드	수하물	**baggage** 배기쥐
기내 휴대용 가방	**carry-on bag** 캐뤼 온 백	수하물을 부치다	**check** 췍
입국 신고서	**immigration card** 이미그뤠이션 카드	신고하다	**declare** 디클레어
세관 신고서	**customs declaration form** 커스텀즈 데클러뤠이션 폼	무게 제한	**weight limit** 웨잇 리밋

귀국할 때 많이 쓰는 핵심표현

귀국편을 예약할 때

- 인천행을 예약하고 싶어요. **I'd like to reserve a flight to Incheon.**
  아이드 라익 투 뤼저브 어 플라잇 투 인천
- 7월 16일 인천행 항공편이 있나요? **Do you have a flight to Incheon on July 16th?**
  두 유 해버 플라잇 투 인천 온 줄라이 씩스틴쓰
- 대기자 명단에 올려주세요. **Please put me on the waiting list.**
  플리즈 풋 미 온 더 웨이팅 리스트

예약을 확인할 때

- 예약을 확인하고 싶어요. **I'd like to confirm my reservation.**
  아이드 라익 투 컨펌 마이 뤠저베이션
- 한국에서 예약했어요. **I reserved my flight in Korea.**
  아이 뤼저브드 마이 플라잇 인 코뤼어
- 예약이 확인됐습니다. **Your reservation is confirmed.**
  유어 뤠저베이션 이즈 컨펌드

예약을 변경할 때

- 예약을 변경하고 싶어요. **I'd like to change my reservation.**
  아이드 라익 투 체인지 마이 뤠저베이션
- 금연석으로 바꿀 수 있나요? **Can I change it in a non smoking seat?**
  캔 아이 췌인지 잇 인 어 논 스모킹 씻
- 7월 1일로 바꿔주세요. **Please change it to July first.**
  플리즈 체인지 잇 투 줄라이 퍼스트

예약을 취소할 때

- 예약을 취소해 주세요. **Please cancel my reservation.**
  플리즈 캔슬 마이 뤠저베이션
- 예약을 취소하고 싶어요. **I'd like to cancel my reservation.**
  아이드 라익 투 캔슬 마이 뤠저베이션
- 예약을 취소할 수 있나요? **Can I cancel my booking?**
  캔 아이 캔슬 마이 북킹
- 죄송하지만 예약을 취소해야겠습니다. **I'm sorry, but I need to cancel my flight.**
  아임 쏘리, 벗 아이 니드 투 캔슬 마이 플라잇

공항으로 갈 때

- 히스로 공항으로 가 주세요. **Heathrow airport, please.**
  히스로우 에어포트, 플리즈
- 빨리 가 주세요. 늦었어요. **Please hurry. I'm late.**
  플리즈 허뤼. 아임 레잇
- 공항까지 얼마나 걸릴까요? **How long will it take to get to the airport?**
  하우 롱 윌 잇 테익 투 겟 투 디 에어포트
- 공항까지 택시 요금이 얼마인가요? **What's the taxi fare to the airport?**
  왓츠 더 택시 페어 투 디 에어포트

탑승 수속을 할 때

- 탑승 수속은 어디서 하나요? **Where do I check in?**
  웨어 두 아이 체킨
- 짐을 여기에 놓아도 되나요? **Can I put my baggage here?**
  캔 아이 풋 마이 배기쥐 히어
- 창가쪽으로 주세요. **A window seat, please.**
  어 윈도우 씨트, 플리즈
- 친구와 같은 좌석으로 주세요. **I'd like to sit with my friend.**
  아이드 라익투 씻 윗 마이 프렌드

수하물을 접수할 때

- 맡길 짐이 있나요? **Do you have any baggage to check?**
  두 유 해브 애티 배기쥐 투 첵
- 가방을 맡길게요. **I'll check my bag.**
  아일 첵 마이 백
- 이것은 기내에 가지고 들어가도 되나요? **Can I carry this in the cabin?**
  캔 아이 캐뤼 디스 인 더 캐빈
- 무게 제한이 얼마인가요? **What's the weight limit?**
  왓츠 더 웨잇 리밋

공항 면세점에서

- 면세점은 어디 있나요? **Where are the duty-free shops?**
  웨어 아 더 듀티프뤼 샵스
- 한국 돈 받으시나요? **Do you accept Korean Won?**
  두 유 억셉 코뤼언 원
- 미국 달러만 받습니다. **We accept only U.S. dollars.**
  위 억셉 온리 유에스 달러즈
- 한국에 가지고 들어갈 수 있나요? **Can I carry this into Korea?**
  캔 아이 캐뤼 디스 인투 코뤼어

귀국편 기내에서

- 식사는 언제 나와요? **When will meals be served?**
  웬 윌 밀스 비 서브드
- 기내 면세품을 사고 싶어요. **I'd like to buy in-flight duty-free goods.**
  아이드 라익 투 바이 인플라잇 듀티프뤼 굿즈
- 입국카드 작성법을 알려주세요. **Please tell me how to fill out the immigration card.**
  플리즈 텔 미 하우 투 필 아웃 디 이미그뤠이션 카드
- 인천에 제 시간에 도착하나요? **Will it arrive on time in Incheon?**
  윌릿 어롸이브 온 타임 인 인천

PHILIPPINES
-ENGLISH-

THAILAND

VIETNAM

LAOS

CAMBODIA

THAILAND

★일러두기

	호칭 나. 저	높임말 아, 어, 여요, ~습니다
남자	ผม(폼)	ครับ(크랍)
여자	ดิฉัน(디찬)	ค่ะ, คะ(카)

제 좌석은 어디죠? ที่นั่งของ(ผม)ดิฉัน อยู่ตรงไหน(ครับ)คะ?
티낭컹(폼)디찬유뜨롱나이(크랍)카

EX 남자 _ ที่นั่งของผมอยู่ตรงไหนครับ?
티낭컹폼유뜨롱나이크랍

여자 _ ที่นั่งของดิฉัน อยู่ตรงไหนคะ?
티낭컹디찬유뜨롱나이카

Unit 1 기내에서 ที่บนเครื่องบิน

기내에서 쓰는 표현 Best 3

- 제 좌석은 어디죠? — ที่นั่งของ(ผม)ดิฉัน อยู่ตรงไหน(ครับ)คะ 티낭컹(폼)디찬유뜨롱나이(크랍)카
- 닭고기 주세요. — ขอไก่(ครับ)ค่ะ 커까이(크랍)카
- 담요 한 장 주시겠어요? — ขอผ้าห่มหนึ่งผืนได้ไหม(ครับ)คะ 커파홈능픈다이마이(크랍)카

기본단어

여권	หนังสือเดินทาง, พาสปอร์ต	낭쓰드언탕, 파싸뻿
탑승권	ตั๋วเครื่องบิน	뚜어크랑빈
비자	วีซ่า	위사
1등석	ชั้น1	찬능
비즈니스석	ชั้นธุรกิจ	찬투라낏
일반석	ชั้นประหยัด	찬쁘라얏
기장	กัปตัน	깝딴
창가 쪽 좌석	ที่นั่งริมหน้าต่าง	티낭림나땅
통로 쪽 좌석	ที่นั่งริมทางเดิน	티낭림탕드언
식사 테이블	โต๊ะอาหาร	또아한
기내 화장실	ห้องน้ำบนเครื่องบิน	헝남본크랑빈
비어 있음	ว่าง	왕
사용 중	อยู่ระหว่างการใช้	유라왕깐차이
입국카드	บัตรขาเข้าเมือง	밧카카오므앙
담요	ผ้าห่ม	파홈
헤드폰	หูฟัง	후팡

기내에서 많이 쓰는 핵심표현

자리를 찾을 때

- 제 좌석은 어디죠? ที่นั่งของ(ผม)ดิฉันอยู่ตรงไหน(ครับ)คะ
  티낭컹(폼)디찬유뜨롱나이(크랍)카
- 33A는 어디예요? 33Aอยู่ตรงไหน(ครับ)คะ
  33A유뜨롱나이(크랍)카
- 제 자리 찾는 것을 도와주시겠어요? ช่วย(ผม)ดิฉันหาที่นั่งหน่อยได้ไหม(ครับ)คะ
  추어의(폼)디찬하티낭너의다이마이(크랍)카

자리를 바꾸고 싶을 때

- 친구랑 제 좌석이 떨어져 있어요. ที่นั่งของเพื่อนและ(ผม)ดิฉันไม่ได้นั่งด้วยกัน(ครับ)คะ
  티낭컹프안래(폼)디찬마이다이낭두어의깐(크랍)카
- 좌석을 바꿀 수 있을까요? สามารถเปลี่ยนที่นั่งได้ไหม(ครับ)คะ
  사맛쁘리얀티낭다이마이(크랍)카
- 제 자리와 바꿀 수 있을까요? เปลี่ยนที่นั่งกับ(ผม)ดิฉันได้ไหม(ครับ)คะ
  쁘리얀티낭깝(폼)디찬다이마이(크랍)카

좌석이 불편할 때

- 좌석을 뒤로 눕혀도 될까요? เอนที่นั่งไปทางด้านหลังได้ไหม(ครับ)คะ
  엔티낭빠이탕단랑다이마이(크랍)카
- 좌석을 차지 말아주세요. กรุณาอย่าเตะที่นั่ง(ครับ)ค่ะ
  까루나야떼티낭(크랍)카
- 좌석을 앞으로 좀 당겨주시겠어요? กรุณาปรับที่นั่งไปทางด้านหน้าหน่อยได้ไหม(ครับ)คะ
  까루나쁘랍티낭빠이탕단나너의(크랍)카

식사를 주문할 때

- 닭고기 주세요. ขอไก่(ครับ)ค่ะ
  커까이(크랍)카
- 소고기 주세요. ขอเนื้อวัว(ครับ)ค่ะ
  커느아우어(크랍)카
- 고추장 있어요? มีซอสโกชูจังไหม(ครับ)คะ
  미섯고추장마이(크랍)카
- 이것으로 부탁합니다. รบกวนขออันนี้(ครับ)ค่ะ
  롭꾸언커안니(크랍)카

음료를 주문할 때

- 오렌지 주스 있어요? มีน้ำส้มไหม(ครับ)คะ
  미남쏨마이(크랍)카
- 커피 좀 주세요. ขอกาแฟหน่อย(ครับ)ค่ะ
  커까패너의카(크랍)카
- 시원하게 마실 것을 주시겠어요? ขอเครื่องดื่มเย็นให้หน่อยได้ไหม(ครับ)คะ
  커크랑듬옌하이너의다이마이(크랍)카
- 물 한 잔 주세요. ขอน้ำเปล่าหนึ่งแก้ว(ครับ)ค่ะ
  커남쁘라우능깨우(크랍)카

화장실에 가고 싶을 때

- 실례지만, 화장실이 어디 있어요? ขอโทษนะ(ครับ)คะ ห้องน้ำอยู่ที่ไหน(ครับ)คะ
  커톳나(크랍)카 헝남유티나이(크랍)카
- 지금 화장실에 가도 될까요? ตอนนี้สามารถไปห้องน้ำได้ไหม(ครับ)คะ
  떤니사맛빠이헝남다이마이(크랍)카
- 화장실에 휴지가 없어요. ที่ในห้องน้ำไม่มีกระดาษทิชชู(ครับ)ค่ะ
  티나이헝남마이미끄라닷티슈(크랍)카
- 화장실이 어디에요? ห้องน้ำอยู่ไหน(ครับ)คะ
  헝남유나이(크랍)카

필요한 물건을 달라고 할 때

- 담요 한 장 주시겠어요? ขอผ้าห่มหนึ่งผืนหน่อยได้ไหม(ครับ)คะ
  커파홈능픈너의다이마이(크랍)카
- 읽을 것 좀 주시겠어요? ขอหนังสืออ่านหน่อยได้ไหม(ครับ)คะ
  커낭쓰안너의다이마이(크랍)카
- 수면용 안대를 가져다 주실 수 있나요? ขอที่ปิดตาหน่อยได้ไหม(ครับ)คะ
  커티삣따너의다마이(크랍)카
- 한국어 신문이 있나요? มีหนังสือพิมพ์ภาษาเกาหลีไหม(ครับ)คะ
  미낭쓰핌파싸까우리마이(크랍)카

도착에 관해서 물을 때

- 예정대로 도착하나요? ถึงตามกำหนดเวลาใช่ไหม(ครับ)คะ
  틍땀깜놋외라차이마이(크랍)카
- 런던은 몇 시에 도착하나요? จะถึงที่ลอนดอนกี่โมง(ครับ)คะ
  짜틍티런던끼몽(크랍)카
- 얼마나 지연될까요? จะดีเลย์นานเท่าไร(ครับ)คะ
  짜디레이난타우라이(크랍)카
- 도착 시간은 언제인가요? เวลาถึงเมื่อไร(ครับ)คะ
  외라틍므아라이(크랍)카

입국 신고서 작성할 때

- 서류 작성법을 가르쳐주시겠어요? ช่วยสอนวิธีการกรอกแบบฟอร์มหน่อยได้ไหม(ครับ)คะ
  추어의썬위티깐끄럭뱁펌너의다이마이(크랍)카
- 여기에는 무엇을 쓰는 건가요? ตรงนี้เขียนอะไรหรอ(ครับ)คะ
  뜨롱니키안아라이러(크랍)카
- 제 입국 신고서를 봐주시겠어요? ช่วยตรวจดูเอกสารบัตรขาเข้าเมืองของ(ผม)ดิฉันให้หน่อยได้ไหม(ครับ)คะ
  추어의뜨루엇두엑까싼밧카카우므앙컹(폼)디찬하이너의다이마이(크랍)카
- 입국 신고서 작성을 도와주세요. ช่วยกรอกเอกสารขาเข้าเมืองหน่อย(ครับ)ค่ะ
  추어의끄럭엑까싼카카우므앙너의(크랍)카

Unit 2 공항에서 ที่สนามบิน

공항에서 쓰는 표현 Best 3

- 어디에서 오셨나요? — คุณมาจากประเทศอะไร(ครับ)คะ
  쿤마짝쁘라텟아라이(크랍)카
- 직업이 무엇인가요? — อาชีพของคุณคืออะไร(ครับ)คะ
  아칩컹쿤크아라이(크랍)카
- 방문 목적이 무엇인가요? — จุดประสงค์การมาของคุณคืออะไร(ครับ)คะ
  쭛쁘라쏭깐마컹쿤크아라이(크랍)카

기본단어

항공사	สายการบิน	싸이깐빈
출발	ขาออก	카억
도착	ขาเข้า	카카우
환승하다	ต่อเครื่อง	떠크랑
보안 검색	ตรวจสอบความปลอดภัย	뜨루엇썹쾀쁘럿파이
수하물 찾는 곳	จุดรับสัมภาระเดินทาง	쭛랍쌈파라드언탕
탑승 수속대	เคาน์เตอร์เช็คอิน	카우떠첵인
탑승 대기실	ห้องรับรองผู้โดยสารขึ้นเครื่อง	헝랍렁푸도이싼큰크랑
탑승구	ประตูขึ้นเครื่อง	쁘라뚜큰크랑
입국 심사	ตรวจคนเข้าเมือง	뜨루엇콘카우므앙
세관	ศุลกากร	쑨라까껀
무관세	ปลอดภาษี	쁘럿파씨
신고하다	สำแดง	쌈댕
목적지	ปลายทาง	쁘라이탕
유실물 취급소	แผนกของหาย	파낵컹하이
환전	แลกเปลี่ยนเงินต่างประเทศ	랙쁘리안응언땅쁘라텟

공항에서 많이 쓰는 핵심표현

탑승에 대해 물을 때

- 몇 시에 탑승 시작하나요? เริ่มขึ้นเครื่องบินตอนกี่โมง(ครับ)คะ
  르엄큰크랑빈떤끼몽(크랍)카
- 몇 번 게이트로 가야 하나요? ต้องไปประตูหมายเลขเท่าไร(ครับ)คะ
  떵빠이쁘라뚜마이렉타우라이(크랍)카
- 이거 기내에 가지고 탑승해도 되나요? ถืออันนี้ขึ้นเครื่องบินได้ไหม(ครับ)คะ
  안니트큰크랑빈다이마이(크랍)카

직업을 물어볼 때

- 직업이 무엇인가요? อาชีพอะไร(ครับ)คะ
  아칩아라이(크랍)카
- 어떤 직종이세요? ประเภทอาชีพอะไร(ครับ)คะ
  쁘라펫아칩아라이(크랍)카
- 무슨 일을 하시나요? คุณทำงานอะไร(ครับ)คะ
  쿤탐응안아라이(크랍)카

직업을 말할 때

- 저는 사업을 해요. (ผม)ดิฉันทำธุรกิจ(ครับ)ค่ะ
  (폼)디찬탐투라낏(크랍)카
- 저는 회사원이에요. (ผม)ดิฉันเป็นพนักงานบริษัท(ครับ)ค่ะ
  (폼)디찬뻰파낙응안버리쌋(크랍)카
- 저는 주부예요. ดิฉันเป็นแม่บ้านค่ะ
  디찬뻰매반카

입국 심사대 통과할 때

- 여권을 보여주세요. ขอดูพาสปอร์ตหน่อย(ครับ)ค่ะ
  커두파싸뻣너의(크랍)카
- 어디에서 오셨나요? คุณมาจากประเทศอะไร(ครับ)คะ
  쿤마짝쁘라텟아라이(크랍)카
- 한국에서 왔어요. (ผม)ดิฉันมาจากประเทศเกาหลี(ครับ)ค่ะ
  (폼)디찬마짝쁘라텟까우리(크랍)카
- 방문 목적이 무엇인가요? จุดประสงค์ในการมาคืออะไร(ครับ)คะ
  쭛쁘라쏭나이깐마크아라아이(크랍)카
- 관광입니다. ท่องเที่ยว(ครับ)ค่ะ
  텅티우어(크랍)카
- 휴가 차 왔어요. มาพักร้อน(ครับ)ค่ะ
  마팍런(크랍)카
- 얼마나 머무실 건가요? จะอยู่นานเท่าไร(ครับ)คะ
  짜유난타우라이(크랍)카
- 일주일 정도요. ประมาณ1สัปดาห์(ครับ)ค่ะ
  쁘라만능쌉다(크랍)카
- 어디에서 숙박하실 건가요? จะพักที่ไหน(ครับ)คะ
  짜팍티나이(크랍)카
- 힐튼 호텔에서 묵을 겁니다. จะพักที่โรงแรมฮิลตัน(ครับ)ค่ะ
  짜팍티롱램힐딴(크랍)카
- 돌아가는 항공권을 보여주세요. โชว์ตั๋วเครื่องบินขากลับของคุณหน่อย(ครับ)ค่ะ
  쇼뚜어크랑빈카끄랍컹쿤너의(크랍)카

짐을 찾을 때

- 짐은 어디에서 찾나요? รับสัมภาระได้ที่ไหน(ครับ)คะ
  랍쌈파라다이티나이(크랍)카
- 제 수하물은 어디에서 찾을 수 있죠? สัมภาระของ(ผม)ดิฉันสามารถรับได้ที่ไหน(ครับ)คะ
  쌈파라컹(폼)디찬싸맛랍다이티나이(크랍)카
- 제 짐이 보이지 않아요. ไม่เจอสัมภาระของ(ผม)ดิฉัน(ครับ)ค่ะ
  마이쯔어쌈파라컹(폼)디찬(크랍)카
- 제 가방이 보이지 않아요. ไม่เจอกระเป๋าของ(ผม)ดิฉัน(ครับ)ค่ะ
  마이쯔어끄라빠우컹(폼)디찬(크랍)카

세관을 통과할 때

- 여권과 세관 신고서를 주세요. ขอพาสปอร์ตและใบสำแดงศุลกากร(ครับ)ค่ะ
  커파싸뻣래바이쌈댕쑨라까껀(크랍)카

- 세관 신고서를 보여 주시겠습니까? ขอดูใบสำแดงศุลกากรหน่อย(ครับ)ค่ะ
  커두바이쌈댕쑨라까껀너의(크랍)카
- 세관 신고할 물건이 있나요? มีสิ่งของต้องสำแดงศุลกากรไหม(ครับ)คะ
  미씽컹떵쌈댕쑨라까껀마이(크랍)카
- 아니 없습니다. ไม่มี(ครับ)ค่ะ
  마이미카(크랍)카

환승할 때

- 저는 런던행 환승객입니다. (ผม)ดิฉันเป็นผู้โดยสารต่อเครื่องไปลอนดอน(ครับ)คะ
  (폼)디찬뻰푸도이싼떠크랑빠이런던(크랍)카

- 갈아타는 곳이 어디인가요? เคาน์เตอร์ต่อเครื่องอยู่ที่ไหน(ครับ)คะ
  카우떠떠크랑빈유티나이(크랍)카
- 경유시간은 얼마나 되나요? เวลาต่อเครื่องนานเท่าไร(ครับ)คะ
  외라떠크랑난타우라이(크랍)카
- 시드니행 환승 비행기를놓쳤어요. (ผม)ดิฉันพลาดต่อเครื่องบินไปซิดนีย์(ครับ)ค่ะ
  (폼)디찬프랏떠크랑빈빠이싯니(크랍)카

환전할 때

- 환전소는 어디인가요? ที่รับแลกเปลี่ยนเงินต่างประเทศอยู่ที่ไหน(ครับ)คะ
  티랍랙쁘리안응언땅쁘라텟유티나이(크랍)카

- 어디에서 환전하나요? แลกเปลี่ยนเงินต่างประเทศได้ที่ไหน(ครับ)คะ
  랙쁘리안응언땅쁘라텟다이티나이(크랍)카
- 달러로 바꿔주세요. ขอแลกเปลี่ยนเป็นเงินดอลล่าร์(ครับ)ค่ะ
  커랙쁘리안뻰응언덜라(크랍)카
- 환전을 하고 싶은데요. ต้องการแลกเปลี่ยนเงินต่างประเทศ(ครับ)ค่ะ
  떵깐랙쁘리안응언땅쁘라텟(크랍)카

Unit 3 숙소에서 ที่พัก

숙소에서 쓰는 표현 Best 3

- 체크인하고 싶은데요.
  ต้องการเช็คอิน(ครับ)ค่ะ
  떵깐첵인(크랍)카
- 아침 7시에 깨워 주세요.
  กรุณาช่วยปลุกตอน7โมงเช้า(ครับ)ค่ะ
  까루나추어의쁘룩떤젯몽차우(크랍)카
- 아침 식사 시간은 몇 시예요?
  เวลาอาหารเช้าตอนกี่โมง(ครับ)คะ
  외라아한차우떤끼몽(크랍)카

기본단어

입실 수속	เช็คอินเข้าพัก 첵인카우팍	퇴실 수속	เช็คเอาท์ 첵아웃
예약	การจอง 깐쩡	보증금	เงินมัดจำ 응언맛짬
성수기	ไฮซีซั่น 하이씨싼	비수기	โลว์ซีซั่น 로씨싼
손님	ลูกค้า 룩카	청구서	ใบเรียกเก็บเงิน 바이리악껩응언
봉사료	เซอร์วิสชาร์จ, ค่าบริการ 써윗찻, 카버리깐	세탁물	ผ้าที่ซัก 파티싹
영수증	ใบเสร็จ 바이쎗	입구	ทางเข้า 탕카우
비상구	ทางออกฉุกเฉิน 탕억축츠언	예약 확인서	ใบยืนยันการจอง 바이은얀깐쩡
숙박 카드	บัตรลงทะเบียนเข้าพัก 밧롱타비안캇우팍	귀중품 보관소	ตู้เซฟ 뚜셉

숙수에서 많이 쓰는 핵심표현

체크인을 할 때

- 체크인하고 싶은데요. — ต้องการเช็คอิน(ครับ)ค่ะ
  땅깐첵인(크랍)카

- 마샤 강으로 예약을 했습니다. — จองเป็นชื่อมาช่าคัง(ครับ)ค่ะ
  쩡뻰츠마샤강(크랍)카
- 이것이 예약 확인증이에요. — อันนี้คือใบยืนยันการจอง(ครับ)ค่ะ
  안니크바이은안깐쩡(크랍)카

룸이 마음에 들지 않을 때

- 방이 마음에 들지 않아요. — ไม่ถูกใจห้องพัก(ครับ)ค่ะ
  마이툭짜이헝팍(크랍)카

- 방을 바꿔주세요. — ต้องการเปลี่ยนห้อง(ครับ)ค่ะ
  떵깐쁘리안헝(크랍)카
- 경치가 좋은 방을 주시면 좋겠어요. — ต้องการห้องติดวิวสวย(ครับ)ค่ะ
  떵깐헝띳위우쑤어이(크랍)카

모닝콜을 부탁할 때

- 아침 7시에 깨워주세요. — กรุณาช่วยปลุกตอน7โมงเช้า(ครับ)ค่ะ
  까루나추어이쁘룩떤젯몽차우(크랍)카

- 아침 7시에 모닝콜 해주세요. — กรุณาช่วยทำมอนิ่งคอลตอน7โมงเช้า(ครับ)ค่ะ
  까루나추어이탐모닝콜떤젯몽차우(크랍)카
- 아침 7시에 모닝콜을 걸어주시겠어요? — กรุณาช่วยโทรปลุกตอน7โมงเช้าให้หน่อยได้ไหม(ครับ)คะ
  까루나추어이트로쁘룩떤젯몽차우하이너이다이마이(크랍)카

조식에 대해 문의할 때

- 아침 식사는 어디에서 하나요? รับประทานอาหารเช้าที่ไหน(ครับ)คะ
  랍쁘라탄아한차우티나이(크랍)카
- 아침 식사 시간은 몇 시예요? เวลาอาหารเช้ากี่โมง(ครับ)คะ
  외라아한차우끼몽(크랍)카
- 아침 식사가 나오나요? เวลาอาหารเช้าเริ่มตั้งแต่กี่โมง(ครับ)คะ
  외라아한차우르엄땅때끼몽(크랍)카
- 조식이 포함되어 있나요? รวมอาหารเช้าแล้วใช่ไหม(ครับ)คะ
  루엄아한차우래우차이마이(크랍)카

물건을 갖다 달라고 할 때

- 바누를 갖다 주세요. กรุณาช่วยเอาสบู่มาให้หน่อย(ครับ)ค่ะ
  까루나추어의아우싸부마하이너의(크랍)카
- 타월을 더 주시겠어요? ขอผ้าเช็ดตัวเพิ่มหน่อยได้ไหม(ครับ)คะ
  커파쳿뚜어프엄너의다이마이(크랍)카
- 베개를 더 갖다 주세요. กรุณาช่วยเอาหมอนมาเพิ่มให้หน่อย(ครับ)ค่ะ
  까루나추어의아우먼마프엄하이너의(크랍)카
- 화장지를 갖다 주세요. กรุณาช่วยเอากระดาษทิชชูมาให้หน่อย(ครับ)ค่ะ
  까루나추어의아우끄라닷티슈마하이너의(크랍)카

Wi-Fi에 대해 물을 때

- 여기 와이파이 되나요? ที่นี่ใช้ไวไฟได้ไหม(ครับ)คะ
  티니차이와이파이다이마이(크랍)카
- 와이파이 비밀번호 뭐예요? รหัสผ่านไวไฟอะไร(ครับ)คะ
  라핫판와이파이아라이(크랍)카
- 와이파이를 연결해 주세요. กรุณาช่วยเชื่อมต่อไวไฟให้หน่อย(ครับ)ค่ะ
  까루나추어의츠암떠와이파이하이너의(크랍)카
- 무료 와이파이가 있나요? มีฟรีไวไฟไหม(ครับ)คะ
  미프리와이파이마이(크랍)카

청소를 요청할 때

- 시트를 바꿔주세요. กรุณาช่วยเปลี่ยนผ้าปูที่นอนให้หน่อย(ครับ)ค่ะ
  까루나추어의쁘리안파뿌티넌하이너의(크랍)카

- 침대를 정돈해 주세요. กรุณาช่วยจัดที่นอนให้หน่อย(ครับ)ค่ะ
  까루나추어의짯티넌하이너의(크랍)카
- 나가 있는 동안 방을 청소해 주세요. กรุณาช่วยทำความสะอาดห้องในระหว่างที่ออกไปข้างนอกให้หน่อย(ครับ)ค่ะ
  까루나추어의탐쾀싸앗헝나이라왕티억빠이캉넉하이너의(크랍)카
- 제 방 청소가 아직 안 되었네요. ห้องของ(ผม)ดิฉันยังไม่ได้ทำความสะอาดนะ(ครับ)คะ
  헝컹(폼)디찬양마이다이탐쾀싸앗나(크랍)카

세탁 서비스를 받고 싶을 때

- 세탁 서비스가 있나요? มีบริการซักเสื้อผ้าไหม(ครับ)คะ
  미버리깐삭쓰아파마이(크랍)카

- 제 블라우스를 세탁해 주세요. กรุณาช่วยซักชุดของ(ผม)ดิฉันหน่อย(ครับ)ค่ะ
  까루나추어의삭춧컹(폼)디찬너의(크랍)카
- 언제 다 됩니까? จะได้เมื่อไร(ครับ)คะ
  짜다이므아라이(크랍)카
- 제 세탁물은 다 되었나요? เสื้อผ้าของ(ผม)ดิฉันได้เรียบร้อยแล้วยัง(ครับ)คะ
  쓰아파컹(폼)디찬다이리얍러의래우양(크랍)카

체크아웃할 때

- 체크아웃하려고요. จะเช็คเอาท์(ครับ)ค่ะ
  짜첵아웃(크랍)카

- 체크아웃하고 싶은데요. ต้องการเช็คเอาท์(ครับ)ค่ะ
  떵깐첵아웃(크랍)카
- 몇 시에 체크아웃해야 하나요? จะต้องเช็คเอาท์ตอนกี่โมง(ครับ)คะ
  짜떵첵아웃떤끼몽(크랍)카
- 체크아웃은 몇 시인가요? เช็คเอาท์เวลากี่โมง(ครับ)คะ
  첵아웃외라끼몽(크랍)카

Unit 4

거리에서 ที่ถนน

거리에서 쓰는 표현 Best 3

- 힐튼 호텔로 가 주세요. — กรุณาไปที่โรงแรมฮิลตัน(ครับ)ค่ะ 까루나빠이티롱램힐딴(크랍)카
- 거기까지 걸어갈 수 있나요? — สามารถเดินไปถึงที่นั่นได้ไหม(ครับ)คะ 싸맛드언빠이틍티난다이마이(크랍)카
- 박물관은 어디 있나요? — พิพิธภัณฑ์อยู่ที่ไหน(ครับ)คะ 피핏타판유티나이(크랍)카

기본단어

인도	ทางเท้า 탕타우	차도	ทางรถวิ่ง 탕롯윙
길	ถนน 타논	도로 표지판	ป้ายบอกทาง 빠이벅탕
신호등	สัญญาณไฟจราจร 싼얀파이짜라쩐	지하철 갈아타는 곳	จุดต่อรถไฟใต้ดิน 쭛떠롯파이따이딘
매표소	จุดจำหน่ายตั๋ว 쭛짬나이뚜어	예정대로	ตามกำหนด 땀깜놋
급행열차	ขบวนรถด่วน 카부언롯두언	편도	เที่ยวเดียว 티우어디우어
승객	ผู้โดยสาร 푸도이싼	왕복	ไปกลับ 빠이끄랍
주의	คำเตือน 캄뜨안	위험	อันตราย 안따라이
주차금지	ห้ามจอด 함쩟	주차장	ลานจอดรถ 란쩟롯

거리에서 많이 쓰는 핵심표현

길을 물을 때

◎ 실례합니다. 박물관에는 어떻게 가나요? ขอโทษ(ครับ)ค่ะ ไม่ทราบว่าไปที่พิพิธภัณฑ์อย่างไร(ครับ)คะ
커톳(크랍)카 마이쌉와빠이티피핏타판양라이(크랍)카

◎ 그곳에 어떻게 가는지 알려주세요. กรุณาช่วยบอกว่าไปที่นั่นอย่างไรหน่อย(ครับ)ค่ะ
까루나추어의벅와빠이티난양라이너의(크랍)카

◎ 지하철까지 이 길로 가면 되나요? ทางนี้ไปรถไฟใต้ดินได้ใช่ไหม(ครับ)คะ
탕니빠이롯파이따이딘다이차이마이(크랍)카

장소를 찾을 때

◎ 공중 화장실은 어디에 있어요? ห้องน้ำสาธารณะอยู่ที่ไหน(ครับ)คะ
헝남싸타라나유티나이(크랍)카

◎ 박물관은 어디인가요? พิพิธภัณฑ์อยู่ที่ไหน(ครับ)คะ
피핏타판유티나이(크랍)카

◎ 백화점은 어디인가요? ห้างสรรพสินค้าอยู่ที่ไหน(ครับ)คะ
항쌉파씬카유티나이(크랍)카

소요 시간을 물을 때

◎ 여기에서 가까운가요? ใกล้จากที่นี่ไหม(ครับ)คะ
끄라이짝티니마이(크랍)카

◎ 거기까지 걸어갈 수 있나요? สามารถเดินไปถึงที่นั่นได้ไหม(ครับ)คะ
싸맛드언빠이틍티난다이마이(크랍)카

◎ 시간이 어느 정도 걸리나요? ใช้เวลาประมาณเท่าไร(ครับ)คะ
차이외라쁘라만타우라이(크랍)카

길을 잃었을 때

◎ 길을 잃었어요. 도와주세요. (ผม)ดิฉันหลงทาง(ครับ)ค่ะ กรุณาช่วยด้วย(ครับ)ค่ะ
(폼)디찬롱탕(크랍)카 끄라루나추어의두어의(크랍)카

◎ 실례합니다. 제가 지금 있는 곳이 지도에서 어디인가요? ขอโทษ(ครับ)ค่ะ สถานที่ที่(ผม)ดิฉันกำลังอยู่ตอนนี้ที่ในแผนที่คือที่ไหน(ครับ)คะ
커톳(크랍)카 싸탄티티(폼)디찬깜랑유뗜니티나이팬티크티나이(크랍)카

◎ 길을 잘못 들었어요. 여기가 어디예요? มาผิดทาง(ครับ)ค่ะ ที่นี่คือที่ไหน(ครับ)คะ
마핏탕(크랍)카 티니크티나이(크랍)카

◎ 저는 지하철을 찾고 있어요. (ผม)ดิฉันกำลังมองหารถไฟใต้ดินอยู่(ครับ)ค่ะ
(폼)디찬깜랑멍하롯파이따이딘유(크랍)카

상대방이 길을 물어볼 때

◎ 미안합니다. 저도 모릅니다. ขอโทษ(ครับ)ค่ะ (ผม)ดิฉันก็ไม่ทราบเหมือนกัน(ครับ)ค่ะ
커톳(크랍)카. (폼)디찬꺼마이쌉므안깐(크랍)카

◎ 관광객이라 저도 잘 모릅니다. เพราะว่าเป็นนักท่องเที่ยว (ผม)ดิฉันก็ไม่ทราบเหมือนกัน(ครับ)ค่ะ
프러와뻰낙텅티우어 (폼)디찬꺼마이쌉므안깐(크랍)카

◎ 다른 사람에게 물어 보시죠. ลองถามคนอื่นดูนะ(ครับ)คะ
렁탐콘은두나(크랍)카

버스를 탈 때

◎ 버스 정류장은 어디인가요? ป้ายรถโดยสารอยู่ที่ไหน(ครับ)คะ
빠이롯도이싼유티나이(크랍)카

◎ 어떤 버스가 시내로 가나요? รถโดยสารคันไหนไปในตัวเมือง(ครับ)คะ
롯도이싼칸나이빠이나이뚜어므앙(크랍)카

◎ 버스 시간표를 주시겠어요? ขอตารางเวลารถโดยสารหน่อยได้ไหม(ครับ)คะ
커따랑외라롯도이싼너의다이마이(크랍)카

◎ 이 버스 시내로 가나요? รถโดยสารคันนี้ไปในตัวเมืองไหม(ครับ)คะ
롯도이싼칸니빠이나이뚜어므앙마이(크랍)카

지하철을 탈 때

- 이 근처에 지하철역이 있나요? บริเวณแถวนี้มีสถานีรถไฟใต้ดินไหม(ครับ)คะ
  버리왼태우니미싸타니롯파이따이딘마이(크랍)카
- 몇 호선이 공항 가나요? สายที่เท่าไรไปสนามบิน(ครับ)คะ
  싸이티타우라이빠이싸남빈(크랍)카
- 자동 매표기는 어디 있나요? เครื่องจำหน่ายตั๋วอัตโนมัติอยู่ที่ไหน(ครับ)คะ
  크랑짬나이뚜어앗따노맛유티나이(크랍)카
- 가장 가까운 지하철역까지 거리가 얼마나 되나요? ระยะทางเท่าไรไปถึงสถานีรถไฟใต้ดินที่ใกล้ที่สุด(ครับ)คะ
  라야탕타우라이빠이틍싸타니롯파이따이딘티끄라이티쑷(크랍)카

지하철을 탔을 때

- 갈아타야 해요? ต้องเปลี่ยนสายไหม(ครับ)คะ
  떵쁘리안싸이마이(크랍)카
- 어디에서 갈아타야 해요? ต้องเปลี่ยนสายที่ไหน(ครับ)คะ
  떵쁘리안싸이티나이(크랍)카
- 이거 시청에 가나요? คันนี้ไปศาลากลางจังหวัดไหม(ครับ)คะ
  칸니빠이싸라끄랑짱왓마이(크랍)카
- 다음이 채링크로스 역인가요? สถานีต่อไปคือสถานีแชริ่งครอสใช่ไหม(ครับ)คะ
  싸타니떠빠이크싸타니채링크럿차이마이(크랍)카

택시를 탈 때

- 택시 승강장은 어디인가요? จุดขึ้นรถแท็กซี่อยู่ที่ไหน(ครับ)คะ
  쭛큰롯택시유티나이(크랍)카
- 어디에서 택시를 탈 수 있어요? สามารถขึ้นรถแท็กซี่ได้ที่ไหน(ครับ)คะ
  싸맛큰롯택시다이티나이(크랍)카
- 트렁크를 열어주시겠어요? ช่วยเปิดกระโปรงหลังรถหน่อยได้ไหม(ครับ)คะ
  추어의쁘앗끄라쁘롱랑롯너의다이마이(크랍)카
- 이 주소로 가 주세요. กรุณาพาไปตามที่อยู่นี้(ครับ)ค่ะ
  까루나파빠이땀티유니(크랍)카

Unit 5 관광지에서 ที่สถานที่ท่องเที่ยว

관광지에서 쓰는 표현 Best 3

- 이 도시에서 가장 유명한 것은 무엇인가요?
  สิ่งที่มีชื่อเสียงมากที่สุดในเมืองนี้คืออะไร(ครับ)คะ
  씽티미츠씨앙막티쏫나이므앙니크아라이(크랍)카
- 입장료는 얼마인가요?
  ค่าเข้าชมราคาเท่าไร(ครับ)คะ
  카카우촘라카타우라이(크랍)카
- 여기에서 사진을 찍어도 되나요?
  ที่นี่ถ่ายรูปได้ไหม(ครับ)คะ
  티니타이룹다이마이(크랍)카

기본표현

여행	ท่องเที่ยว	텅티우어
관광객	นักท่องเที่ยว	낙텅티우어
관광	ท่องเที่ยว	텅티우어
시내 관광	ท่องเที่ยวชมในเมือง	텅티우어촘나이므앙
반나절	ครึ่งวัน	크릉완
하루	เต็มวัน	뗌완
당일 여행	เที่ยววันเดียว	티우어완디우어
추천하다	แนะนำ	내남
관광 명소	สถานที่ท่องเที่ยวที่มีชื่อเสียง	싸탄티텅티우어티미츠씨앙
입장료	ค่าเข้าชม	카카우촘
전망대	จุดชมวิว	쭛촘위우
계속되다	ต่อเนื่อง	떠느앙
기념품	ของที่ระลึก	컹티라륵
기념품점	ร้านขายของที่ระลึก	란카이컹티라륵
줄	แถว	태우
인상적인	อย่างประทับใจ	양쁘라탑짜이

관광지에서 많이 쓰는 핵심표현

관광 안내소에서

- 무료 지도가 있나요? — มีแผนที่ฟรีไหม(ครับ)คะ
  미팬티프리마이(크랍)카?
- 관광 정보가 필요합니다. — ต้องการข้อมูลท่องเที่ยว(ครับ)ค่ะ
  떵깐커문텅티우어(크랍)카
- 런던 시내를 관광하고 싶은데요. — ต้องการท่องเที่ยวในตัวเมืองลอนดอน(ครับ)ค่ะ
  떵깐텅티우어나이뚜어므아런던(크랍)카

관광 정보를 수집할 때

- 이 도시에서 가장 유명한 것은 무엇인가요? — สิ่งที่มีชื่อเสียงมากที่สุดในเมืองนี้คืออะไร(ครับ)คะ
  씽티미츠씨앙막티쑷나이므앙니크아라이(크랍)카
- 갈 만한 곳을 추천해 주시겠어요? — ช่วยแนะนำสถานที่ท่องเที่ยวที่น่าสนใจให้หน่อยได้ไหม(ครับ)คะ
  추어의내남싸탄티텅티우어티나쏜짜이너의다이마이(크랍)카
- 이 도시의 관광명소에는 어떤 것이 있나요? — สถานที่ท่องเที่ยวที่มีชื่อเสียงของเมืองนี้มีอะไรบ้าง(ครับ)คะ
  싸탄티텅티우어티미츠씨앙컹므앙니미아라이방(크랍)카

입장료를 물을 때

- 입장료는 얼마인가요? — ค่าเข้าชมราคาเท่าไร(ครับ)คะ
  카카우촘라카타우라이(크랍)카
- 한 사람당 얼마인가요? — ราคาคนละเท่าไร(ครับ)คะ
  라카콘라타우라이(크랍)카
- 어른 2장, 아이 1장 주세요. — ขอผู้ใหญ่2ใบ เด็ก1ใบ (ครับ)ค่ะ
  커푸야이썽바이 덱능바이(크랍)카

투어 프로그램을 이용할 때

- 관광 버스 투어가 있나요? มีทัวร์รถบัสท่องเที่ยวชมเมืองไหม(ครับ)คะ
  미투어롯밧텅티우어촘므앙마이(크랍)카

- 시간이 얼마나 걸리나요? ใช้เวลานานเท่าไร(ครับ)คะ
  차이외라난타우라이(크랍)카
- 투어는 매일 있나요? ทัวร์มีทุกวันไหม(ครับ)คะ
  투어미툭완마이(크랍)카
- 오전 투어가 있나요? ทัวร์รอบเช้ามีไหม(ครับ)คะ
  투어럽차우미마이(크랍)카
- 야간 관광은 있나요? ทัวร์รอบกลางคืนมีไหม(ครับ)คะ
  투어럽끄랑큰미마이(크랍)카
- 몇 시에 떠나요? จะออกกี่โมง(ครับ)คะ
  짜억끼몽(크랍)카
- 어디에서 출발하나요? ออกเดินทางจากที่ไหน(ครับ)คะ
  억드언탕짝티나이(크랍)카

관광을 하면서

- 여기에 누가 살았었나요? ที่นี่มีใครเคยอยู่มาก่อนหรอ(ครับ)คะ
  티니미크라이크의유마껀러(크랍)카

- 언제 지어진 건가요? สร้างเมื่อไร(ครับ)คะ
  쌍므아라이(크랍)카
- 저 건물은 무엇인가요? ตึกนั้นคืออะไร(ครับ)คะ
  뜩난크아라이(크랍)카
- 높이는 어느 정도인가요? ความสูงประมาณเท่าไร(ครับ)คะ
  캄쑹쁘라만타우라이(크랍)카
- 몇 년이나 된 건가요? อายุกี่ปีได้แล้ว(ครับ)คะ
  아유끼삐다이래우(크랍)카

투어 버스 안에서

- **자유 시간은 있나요?** มีเวลาอิสระให้ไหม(ครับ)คะ
  미외라잇사라하이마이(크랍)카
- 여기에서 얼마나 있나요? อยู่ที่นี่นานเท่าไร(ครับ)คะ
  유티니난타우라이(크랍)카
- 몇 시에 돌아오나요? กลับมาตอนกี่โมง(ครับ)คะ
  끄랍마떤끼몽(크랍)카
- 시간은 어느 정도 있나요? มีเวลาประมาณเท่าไร(ครับ)คะ
  미외라쁘라만타우라이(크랍)카

촬영을 부탁할 때

- **사진을 찍어주시겠어요?** ช่วยถ่ายรูปให้หน่อยได้ไหม(ครับ)คะ
  추어의타이룹하이너의다이마이(크랍)카
- 여기서 제 사진 좀 찍어주세요. ถ่ายรูป(ผม)ดิฉันที่นี่ให้หน่อย(ครับ)ค่ะ
  타이룹(폼)디찬티니하이너의(크랍)카
- 이 버튼을 누르세요. กดปุ่มนี้(ครับ)ค่ะ
  꼿뿜니(크랍)카
- 한 장 더 부탁합니다. รบกวนขออีกหนึ่งรูป(ครับ)ค่ะ
  롭꾸언커익능룹(크랍)카

촬영을 허락받을 때

- **여기에서 사진을 찍어도 되나요?** ถ่ายรูปที่นี่ได้ไหม(ครับ)คะ
  타이룹티니다이마이(크랍)카
- 플래시를 써도 되나요? ใช้แฟลชได้ไหม(ครับ)คะ
  차이프랫다이마이(크랍)카
- 비디오를 찍어도 되나요? ถ่ายวีดีโอได้ไหม(ครับ)คะ
  타이위디오다이마이(크랍)카
- 당신 사진을 찍어도 되나요? ขอถ่ายรูปคุณได้ไหม(ครับ)คะ
  커타이룹쿤다이마이(크랍)카

Unit 6 식당에서 ที่ร้านอาหาร

식당에서 쓰는 표현 Best 3

- 주문하시겠습니까? จะสั่งอะไรดี(ครับ)คะ 짜쌍아라아이디(크랍)카
- 스테이크 2인분 주세요. ขอเสต๊ก2ที่(ครับ)ค่ะ 커싸떽썽티(크랍)카
- 소금 좀 갖다 주시겠어요? ขอเกลือหน่อยได้ไหม(ครับ)คะ 커끄르아너의다이마이(크랍)카

기본단어

레스토랑	ร้านอาหาร	란아한
주문	สั่ง	쌍
식사	อาหาร	아한
요리	อาหาร	아한
접시	จาน	짠
젓가락	ตะเกียบ	따끼압
예약석	โต๊ะจอง	또쩡
봉사료	เซอร์วิสชาร์จ, ค่าบริการ	써윗찻, 카버리깐
소금	เกลือ	끄르아
설탕	น้ำตาล	남딴
후추가루	พริกไทย	프릭타이
식초	น้ำส้มสายชู	남쏨싸이추
매운	ร้อน	런
싱거운	จืด	쯔읏
짠	เค็ม	켐
달콤한	หวาน	완

식당에서 많이 쓰는 핵심표현

식당을 찾을 때

- 식당을 찾고 있는데요. กำลังหาร้านอาหารอยู่(ครับ)ค่ะ
  깜랑하란아한유(크랍)카
- 가장 가까운 식당은 어디인가요? ร้านอาหารที่ใกล้ที่สุดอยู่ที่ไหน(ครับ)คะ
  란아한티끄라이티쏫유티나이(크랍)카
- 이 시간에 문을 연 식당이 있나요? มีร้านอาหารที่เปิดเวลานี้ไหม(ครับ)คะ
  미란아한티쁘앗외라니마이(크랍)카
- 가벼운 식사를 하고 싶은데요. ต้องการรับประทานอาหารเบาๆ(ครับ)ค่ะ
  떵깐랍쁘라탄아한바우바우(크랍)카
- 근처에 한국 식당이 있나요? แถวนี้มีร้านอาหารเกาหลีไหม(ครับ)คะ
  태우니미란아한까우리마이(크랍)카

식당을 예약할 때

- 예약이 필요한가요? จำเป็นต้องจองไหม(ครับ)คะ
  짬뻰떵쩡마이(크랍)카
- 오늘 밤 7시에 세 사람 자리를 예약하고 싶습니다. ต้องการจองที่สำหรับสามคนตอนเวลาหนึ่งทุ่ม(ครับ)ค่ะ
  떵깐쩡티쌈랍쌈콘떤외라능툼(크랍)카
- 복장 규제가 있나요? มีกฎระเบียบการแต่งกายไหม(ครับ)คะ
  미꼿라비압깐땡까이마이(크랍)카
- 일행이 몇 분인가요? ผู้ติดตามมีกี่ท่าน(ครับ)คะ
  푸띳땀미끼탄(크랍)카
- 금연석으로 부탁합니다. ขอเป็นที่ปลอดบุหรี่(ครับ)ค่ะ
  커뻰티쁘럿부리(크랍)카
- 예약을 취소하고 싶습니다. ต้องการยกเลิกการจอง(ครับ)ค่ะ
  떵깐욕르억깐쩡(크랍)카

주문할 때

- 주문하시겠어요? จะสั่งอะไรดี(ครับ)คะ
  짜쌍아라이디(크랍)카

- 이제 주문하겠어요. จะสั่งตอนนี้(ครับ)ค่ะ
  짜쌍떤니(크랍)카
- 스테이크 2인분 주세요. ขอเสต๊ก2ที่(ครับ)ค่ะ
  커싸떽썽티(크랍)카
- 스테이크는 어떻게 해 드릴까요? เสต๊กทำแบบไหนให้ดี(ครับ)คะ
  싸떽탐뱁나이하이디(크랍)카
- 잘 익혀주세요. ขอแบบสุก(ครับ)ค่ะ
  커뱁쑥(크랍)카
- 어떤 음식을 추천해 주실 건가요? จะช่วยแนะนำอาหารอะไรให้(ครับ)คะ
  짜추어의내남아한아라이하이(크랍)카
- 점심 특선은 무엇인가요? อาหารกลางวันแบบพิเศษคืออะไร(ครับ)คะ
  아한끄랑완뱁피쎗크아라이(크랍)카
- 음료는 무엇으로 하시겠습니까? จะรับเครื่องดื่มอะไรไหม(ครับ)คะ
  짜랍크르앙듬아라이마이(크랍)카
- 아니, 됐어요. 그냥 물만 주세요. ไม่(ครับ)ค่ะ ขอบคุณ(ครับ)ค่ะ ขอแค่น้ำเปล่า(ครับ)ค่ะ
  마이(크랍)카 컵쿤(크랍)카 커캐남쁘라우(크랍)카
- 디저트는 뭐가 있어요? ของหวานมีอะไรบ้าง(ครับ)คะ
  컹완미아라이방(크랍)카

계산할 때

- 계산서 주세요. เช็คบิลด้วย(ครับ)ค่ะ
  첵빌두어의(크랍)카

- 제가 살게요. (ผม)ดิฉันจ่ายเอง(ครับ)ค่ะ
  (폼)디찬짜이엥(크랍)카
- 신용카드로 해도 되나요? จ่ายบัตรเครดิตได้ไหม(ครับ)คะ
  짜이밧크레딧다이마이(크랍)카
- 물론입니다. 여기에 서명해 주세요. แน่นอน(ครับ)ค่ะ กรุณาเซ็นชื่อตรงนี้(ครับ)ค่ะ
  내넌(크랍)카 까루나센츠뜨롱니(크랍)카

패스트 푸드점에서 주문할 때

- 햄버거와 콜라주세요. — ขอแฮมเบอร์เกอร์และโค้ก(ครับ)ค่ะ
  커햄버꺼래콕(크랍)카

- 여기서 드시나요? 아니면 포장해 드릴까요? — ทานที่นี่ หรือห่อกลับ(ครับ)คะ
  탄티니르허끄랍(크랍)카
- 포장해 주세요. — ขอห่อกลับ(ครับ)ค่ะ
  커허끄랍(크랍)카
- 어떤 사이즈로 하시겠습니까? — จะสั่งเป็นขนาดอะไร(ครับ)คะ
  짜쌍뻰카낫아라이(크랍)카
- 중간 사이즈로 주세요. — ขอขนาดกลาง(ครับ)ค่ะ
  커카낫끄랑(크랍)카
- 리필해 주세요. — ช่วยรีฟีลให้หน่อย(ครับ)ค่ะ
  추어의리필하이너의(크랍)카

주문 요리에 문제가 있을 때

- 주문한 게 아직 안 나왔는데요. — ของที่สั่งยังไม่มานะ(ครับ)คะ
  컹티쌍양마이마나(크랍)카

- 얼마나 기다려야 하나요? — ต้องรอนานเท่าไร(ครับ)คะ
  떵러난타우라이(크랍)카
- 커피 두 잔 주문했는데요. — สั่งกาแฟสองแก้วไปแล้วนะ(ครับ)คะ
  쌍까패썽깨우빠이래우나(크랍)카
- 주문을 확인해 주시겠어요? — ช่วยเช็คออเดอร์ให้หน่อยได้ไหม(ครับ)คะ
  추어의첵어더하이너의다이마이(크랍)카
- 다른 요리가 나왔어요. — อาหารออกมาผิดจาน(ครับ)ค่ะ
  아한억마핏짠(크랍)카
- 이것은 제가 주문한 게 아니에요. — อันนี้ไม่ใช่ออเดอร์ที่(ผม)ดิฉันสั่ง(ครับ)ค่ะ
  안니마이차이어더티(폼)디찬쌍(크랍)카
- 차가 식었어요. — ชาหายร้อนแล้ว(ครับ)ค่ะ
  차하이런래우나(크랍)카
- 이 요리를 데워주세요. — ช่วยอุ่นอาหารนี้ให้หน่อย(ครับ)ค่ะ
  추어의운아한니하이너의(크랍)카

Unit 7 상점에서 ที่ร้านค้า

상점에서 쓰는 표현 Best 3

- 어서 오세요.
  เชิญ(ครับ)ค่ะ
  츠언(크랍)카
- 그냥 좀 둘러보고 있어요.
  กำลังเดินดูรอบๆอยู่(ครับ)ค่ะ
  깜랑드언두럽럽유(크랍)카
- 다른 것을 보여주세요.
  ขอดูอันอื่นหน่อย(ครับ)ค่ะ
  커두안은너의(크랍)카

기본단어

선물 가게	ร้านขายของกระจุกกระจิก 란카이컹끄라쭉끄라찍	보석 가게	ร้านเครื่องประดับ 란크랑쁘라답
할인 가게	ร้านขายของลดราคา 란카이컹롯라카	편의점	ร้านสะดวกซื้อ 란싸두억쓰
종이 봉지	ถุงกระดาษ 퉁끄라닷	비닐 봉지	ถุงพลาสติก 퉁프랏싸띡
계산원	พนักงานคิดเงิน 파낙응안킷응언	점원	พนักงานร้านค้า 파낙응안란카
면	ฝ้าย 화이	가죽	หนังสัตว์ 낭쌋
헐렁한	หลวม 루엄	목걸이	สร้อยคอ 써의커
귀걸이	ต่างหู 땅후	반지	แหวน 왠
팔찌	สร้อยข้อมือ 써의커므	브로치	เข็มกลัด 켐끄랏

상점에서 많이 쓰는 핵심표현

쇼핑센터를 찾을 때

- 쇼핑센터는 어느 방향인가요? — ช้อปปิ้งเซ็นเตอร์อยู่ทางด้านไหน(ครับ)คะ
  쇼삥센떠유탕단나이(크랍)카
- 쇼핑몰은 어디인가요? — ช้อปปิ้งมอลล์อยู่ที่ไหน(ครับ)คะ
  쇼삥멀유티나이(크랍)카
- 쇼핑가는 어디에 있나요? — แหล่งช้อปปิ้งอยู่ที่ไหน(ครับ)คะ
  랭쇼삥유티나이(크랍)카

가게를 찾을 때

- 편의점을 찾고 있는데요. — กำลังหาร้านสะดวกซื้ออยู่(ครับ)ค่ะ
  깜랑하란싸두억쓰유(크랍)카
- 이 주변에 할인 가게가 있나요? — บริเวณแถวนี้มีร้านขายของลดราคาไหม(ครับ)คะ
  버리윈태우니미란카이컹롯라카마이(크랍)카
- 운동화는 어디서 사나요? — ซื้อรองเท้าผ้าใบได้ที่ไหน(ครับ)คะ
  쓰렁타우파바이다이티나이(크랍)카

가게에 들어섰을 때

- 어서 오세요. — เชิญ(ครับ)ค่ะ
  츠언(크랍)카
- 좀 둘러봐도 되나요? — เดินดูรอบๆได้ไหม(ครับ)คะ
  드언두럽럽다이마이(크랍)카
- 그냥 좀 둘러보고 있어요. — กำลังเดินดูรอบๆอยู่(ครับ)ค่ะ
  깜랑드언두럽럽유(크랍)카

사고 싶은 물건을 찾을 때

- 스카프가 있나요? — มีผ้าพันคอไหม(ครับ)คะ
  미파판커마이(크랍)카

- 선글라스를 찾고 있어요. — กำลังมองหาแว่นกันแดดอยู่(ครับ)ค่ะ
  깜랑멍하왠깐댓유(크랍)카
- 가장 인기 있는 건 무엇인가요? — ของอะไรที่มีชื่อเสียงมากที่สุด(ครับ)คะ
  컹아라이티미츠씨앙막티숫(크랍)카
- 기념품으로 좋은 게 있나요? — มีของอะไรที่สำหรับเป็นของฝากที่ระลึกได้(ครับ)คะ
  미컹아라이티쌈랍뻰컹화악티라륵다이(크랍)카

물건을 보고 싶을 때

- 그걸 봐도 될까요? — ขอดูอันโน้นหน่อยได้ไหม(ครับ)คะ
  커두안논너의다이마이(크랍)카

- 저것 좀 보여주세요. — ขอดูอันนั้นหน่อย(ครับ)ค่ะ
  커두안난너의(크랍)카
- 이거 입어봐도 되나요? — อันนี้ลองใส่ได้ไหม(ครับ)คะ
  안니렁싸이다이마이(크랍)카
- 좀 더 작은 것이 있나요? — มีอันเล็กกว่านี้ไหม(ครับ)คะ
  미안렉꽈니마이(크랍)카

다른 물건을 찾을 때

- 다른 것은 없어요? — ไม่มีของอย่างอื่นหรอ(ครับ)คะ
  마이미컹양은러(크랍)카

- 다른 것을 보여주세요. — ขอดูอันอื่นหน่อย(ครับ)ค่ะ
  커두안은너의(크랍)카
- 좀 더 큰 것을 보여주시겠어요? — ขอดูของอันใหญ่กว่านี้หน่อยได้ไหม(ครับ)คะ
  커두컹안야이꽈니너의다이마이(크랍)카
- 이 제품으로 다른 치수는 없어요? — สินค้าอันนี้มีไซส์อื่นอีกไหม(ครับ)คะ
  씬카안니미싸이은익마이(크랍)카

물건을 사지 않고 나올 때

- 좀 더 둘러보고 올게요. เดี๋ยวขอเดินดูรอบๆแล้วกลับมานะ(ครับ)คะ
  디어우커드언두럽럽래우끄랍마나(크랍)카

- 다음에 다시 올게요. คราวหน้าจะมาใหม่นะ(ครับ)คะ
  크라우나짜마마이나(크랍)카
- 제가 찾던 것이 아니에요. ไม่ใช่อันที่(ผม)ดิฉันหา(ครับ)ค่ะ
  마이차이안티(폼)디찬하(크랍)카
- 미안합니다만 마음에 들지 않아요. ขอโทษนะ(ครับ)คะ ยังไม่ถูกใจ(ครับ)ค่ะ
  커톳나(크랍)카 양마이툭짜이(크랍)카

품질에 대해 물을 때

- 이것은 수제품인가요? อันนี้เป็นสินค้าแฮนด์เมดใช่ไหม(ครับ)คะ
  안니뻰씬카핸멧차이마이(크랍)카

- 품질은 좋은가요? คุณภาพดีใช่ไหม(ครับ)คะ
  쿤나팝디차이마이(크랍)카
- 품질이 나쁘네요. คุณภาพไม่ดีนะ(ครับ)คะ
  쿤나팝마이디나(크랍)카
- 재질은 무엇인가요? วัสดุทำมาจากอะไร(ครับ)คะ
  왓싸두탐마짝아라이(크랍)카

가격을 물을 때

- 얼마예요? ราคาเท่าไร(ครับ)คะ
  라카타우라이(크랍)카

- 그거 얼마예요? อันนั้นราคาเท่าไร(ครับ)คะ
  안니라카타우라이(크랍)카
- 몇 퍼센트 할인해요? ลดกี่เปอร์เซ็นต์(ครับ)คะ
  롯끼뻐쎈(크랍)카
- 세일은 언제부터 하나요? เริ่มเซลตั้งแต่เมื่อไร(ครับ)คะ
  르엄셀땅때므아라이(크랍)카

Unit 8

공공기관에서 ที่สถานที่ราชการ

공공기관에서 쓰는 표현 Best 3

- 배가 아파요.
  ปวดท้อง(ครับ)ค่ะ
  뿌엇텅(크랍)카
- 여기에서 환전할 수 있나요?
  ที่นี่สามารถแลกเปลี่ยนเงินต่างประเทศได้ไหม(ครับ)คะ
  티니싸맛랙쁘리안응언땅쁘라텟다이마이(크랍)카
- 보통 우편으로 보내주세요.
  ช่วยส่งไปรษณีย์แบบธรรมดาให้หน่อย(ครับ)ค่ะ
  추어의쏭쁘라이싸니뱁탐마다하이너의(크랍)카

기본단어

소포	พัสดุไปรษณีย์ 팟싸두쁘라이싸니	우표	แสตมป์, ตราไปรษณียากร 싸땜, 뜨라쁘라이싸니야건
우체통	ตู้ไปรษณีย์ 뚜쁘라이싸니	우편 요금	ค่าส่งไปรษณีย์ 카쏭쁘라이싸니
보통 우편	ไปรษณีย์ธรรมดา 쁘라이싸니탐마다	지폐	ธนบัตร 타나밧
동전	เหรียญ 리안	신용카드	บัตรเครดิต 밧크레딧
신분증	บัตรประจำตัวประชาชน 밧쁘라짬뚜어쁘라차촌	환율	อัตราแลกเปลี่ยน 앗뜨라랙쁘리안
수수료	ค่าธรรมเนียมแลกเปลี่ยนเงินต่างประเทศ 카탐니암랙쁘리안응언땅쁘라텟	현금 자동 지급기	เครื่องเอทีเอ็ม, เครื่องรบจายเงินอัตโนมัติ 크랑에티엠, 크랑랍짜이응언앗따노맛
입금하다	ฝากเงิน 화악응언	출금하다	ถอนเงิน 턴응언
서명	ลายเซ็น 라이센	잔고	ยอดคงเหลือ 엿콩르아

공공기관에서 많이 쓰는 핵심표현

우체국을 찾을 때

- 우체국은 어디에 있나요? ที่ทำการไปรษณีย์อยู่ที่ไหน(ครับ)คะ
  티탐깐쁘라이싸니유티나이(크랍)카

- 우표는 어디서 사나요? ซื้อแสตมป์ได้ที่ไหน(ครับ)คะ
  쓰싸땜다이티나이(크랍)카
- 우체통은 어디에 있나요? ตู้ไปรษณีย์อยู่ที่ไหน(ครับ)คะ
  뚜쁘라이싸니유티나이(크랍)카

편지를 보낼 때

- 우표를 사고 싶은데요. ต้องการซื้อแสตมป์(ครับ)ค่ะ
  떵깐쓰싸땜(크랍)카

- 이거 우편요금이 얼마예요? อันนี้ค่าส่งไปรษณีย์เท่าไร(ครับ)คะ
  안니카쏭쁘라이싸니타우라이(크랍)카
- 보통 우편으로 보내주세요. ช่วยส่งไปรษณีย์ธรรมดาให้หน่อย(ครับ)ค่ะ
  추어의쏭쁘라이싸니탐마다하이너의(크랍)카

소포를 보낼 때

- 이 소포를 한국에 보내고 싶어요. ต้องการส่งพัสดุไปรษณีย์อันนี้ไปที่ประเทศเกาหลี(ครับ)คะ
  떵깐쏭팟싸두쁘라이싸니안니빠이티쁘라텟까우리(크랍)카

- 이것을 보내는 데 얼마예요? ส่งอันนี้ราคาเท่าไร(ครับ)คะ
  쏭안니라카타우라이(크랍)카
- 소포용 박스가 있어요? มีกล่องใส่สำหรับส่งพัสดุไปรษณีย์ไหม(ครับ)คะ
  미끄렁싸이쌈랍쏭팟싸두쁘라이싸니마이(크랍)카

은행에서

- 통장을 만들고 싶어요. ต้องการเปิดบัญชีธนาคาร(ครับ)ค่ะ
  떵깐쁘엇반치타나칸(크랍)카

- 현금카드를 만들어주세요. ช่วยทำบัตรเงินสดให้หน่อย(ครับ)ค่ะ
  추어의탐밧응언쏫하이너의(크랍)카
- 입금하려고요. ต้องการจะฝากเงิน(ครับ)ค่ะ
  떵깐짜화악응언(크랍)카
- 계좌 이체를 하고 싶습니다. ต้องการโอนเงินเข้าบัญชี(ครับ)ค่ะ
  떵깐온응언카우반치(크랍)카
- 백 달러를 찾고 싶어요. ต้องการถอนเงินหนึ่งร้อยดอลล่าร์(ครับ)ค่ะ
  떵깐턴응언능러의덜라(크랍)카

환전할 때

- 여기에서 환전할 수 있나요? ที่นี่สามารถแลกเปลี่ยนเงินต่างประเทศได้ไหม(ครับ)คะ
  티니싸맛랙쁘리안응언땅쁘라텟다이마이(크랍)카

- 어디에서 환전하나요? ที่ไหนสามารถแลกเปลี่ยนเงินต่างประเทศได้(ครับ)คะ
  티나이싸맛랙쁘리안응언땅쁘라텟다이(크랍)카
- 원화를 미국 달러로 바꾸고 싶어요. ต้องการแลกเปลี่ยนเงินดอลล่าร์เป็นเงินวอน(ครับ)ค่ะ
  떵깐랙쁘리안응언덜라뻰응언원(크랍)카
- 오늘 환율은 어떻게 되죠? อัตราแลกเปลี่ยนเงินวันนี้เป็นอย่างไรบ้าง(ครับ)คะ
  앗뜨라랙쁘리안완니뻰양라이방(크랍)카

카드에 문제가 있을 때

- 카드를 분실했어요. ทำบัตรหาย(ครับ)ค่ะ
  탐밧하이(크랍)카

- 카드를 정지해 주시겠어요? ช่วยยกเลิกบัตรให้หน่อยได้ไหม(ครับ)คะ
  추어의욕르억밧하이너의다이마이(크랍)카
- 현금자동인출기에서 카드가 안 빠져요. บัตรไม่ออกมาจากเครื่องเอทีเอ็ม(ครับ)ค่ะ
  밧마이억마짝크랑에티엠(크랍)카.

도서관에서

◎ 무엇을 도와 드릴까요?
มีอะไรให้ช่วย(ครับ)คะ
미아라이하이추어의(크랍)카

◎ 모비 딕을 찾고 있어요.
กำลังหาโมบีดิคอยู่(ครับ)ค่ะ
깜랑하모비딕유(크랍)카

◎ 이 책이 있는지 확인해 주세요.
ช่วยเช็คให้หน่อย(ครับ)ค่ะ ว่าหนังสือเล่มนี้มีหรือไม่(ครับ)คะ
추어의첵하이너의(크랍)카와낭쓰렘니미르마이(크랍)카

◎ 책을 빌리려면 회원카드가 필요해요?
ถ้าจะยืมหนังสือจำเป็นต้องมีบัตรสมาชิกไหม(ครับ)คะ
타짜으염낭쓰짬뻰떵미밧싸마칙마이(크랍)카

◎ 도서관 회원카드가 없어요.
ไม่มีบัตรสมาชิกห้องสมุด(ครับ)ค่ะ
마이미밧헝싸뭇(크랍)카

병원에서

◎ 진찰을 받고 싶어요.
ต้องการตรวจรักษาโรค(ครับ)ค่ะ
떵깐뜨루엇락싸록(크랍)카

◎ 배가 아파요.
ปวดท้อง(ครับ)ค่ะ
뿌엇텅(크랍)카

◎ 어디가 아프세요?
เจ็บที่ไหน(ครับ)คะ
쩹티나이(크랍)카

◎ 언제쯤 결과를 알 수 있어요?
สามารถทราบผลการตรวจได้ประมาณเมื่อไร(ครับ)คะ
싸맛쌉폰깐뜨루엇다이쁘라만므아라이(크랍)카

◎ 입원해야 해요?
ต้องนอนพักรักษาที่โรงพยาบาลไหม(ครับ)คะ
떵넌팍락싸티롱파야반마이(크랍)카

미용실에서

◎ 파마를 하고 싶어요.
ต้องการดัดผม(ครับ)ค่ะ
떵깐닷폼(크랍)카

◎ 다듬기만 해 주세요.
ช่วยตกแต่งเล็มผมให้นิดหน่อยก็พอ(ครับ)ค่ะ
추어의똑땡렘폼하이닛너의꺼퍼(크랍)카

◎ 헤어스타일을 바꾸고 싶어요.
ต้องการเปลี่ยนทรงผม(ครับ)ค่ะ
떵깐쁘리안쏭폼(크랍)카

Unit 9 문제가 생겼을 때 เมื่อเกิดปัญหา

문제가 생겼을 때 쓰는 표현 Best 3

- 좀 더 천천히 말씀해 주세요. — ช่วยพูดช้าๆหน่อย(ครับ)ค่ะ
  추어의풋차차너의(크랍)카
- 긴급 상황입니다. — กรณีฉุกเฉิน(ครับ)ค่ะ
  꺼라니축츠언(크랍)카
- 구급차를 불러주세요. — ช่วยเรียกรถพยาบาลให้หน่อย(ครับ)ค่ะ
  추어의리악롯파야반마하이너의(크랍)카

기본단어

응급 상황	กรณีฉุกเฉิน 꺼라니축츠언	화장실	ห้องน้ำ 헝남
병원	โรงพยาบาล 롱파야반	약국	ร้านขายยา 란카이야
경찰서	สถานีตำรวจ 싸타니땀루엇	통역사	ล่ามแปลภาษา 람쁘래파싸
소매치기	นักล้วงกระเป๋า 낙루엉끄라빠우	도둑	ขโมย 카모이
두통	ปวดหัว 뿌엇후어	치통	ปวดฟัน 뿌엇판
복통	ปวดท้อง 뿌엇텅	고통	ความเจ็บปวด 쾀쩹뿌엇
데다	ถูกไฟลวก 툭파이루억	삐다	เคล็ด, แพลง 크렛, 프랭
부러지다	หัก 학	처방전	ใบสั่งยา 바이쌍야

문제가 생겼을 때 많이 쓰는 핵심표현

의사소통이 되지 않을 때

- 영어를 할 줄 몰라요.
  ไม่รู้ภาษาอังกฤษ(ครับ)ค่ะ
  마이루파싸앙끄릿(크랍)카

- 영어를 잘 못해요.
  พูดภาษาอังกฤษไม่เก่ง(ครับ)ค่ะ
  풋파싸앙끄릿마이껭(크랍)카

- 영어로 설명할 수 없어요.
  ไม่สามารถอธิบายเป็นภาษาอังกฤษได้(ครับ)ค่ะ
  마이싸맛아티바이뻰파싸앙끄릿다이(크랍)카

- 좀 더 천천히 말씀해 주세요.
  ช่วยพูดช้าๆหน่อย(ครับ)ค่ะ
  추어의풋차차너의(크랍)카

통역을 부탁할 때

- 한국어 하는 사람 있나요?
  มีคนที่พูดภาษาเกาหลีไหม(ครับ)คะ
  미콘티풋파싸까우리마이(크랍)카

- 한국인 통역사를 불러주세요.
  ช่วยเรียกล่ามแปลภาษาเกาหลีให้หน่อย(ครับ)ค่ะ
  추어의리악람쁘래파싸까우리하이너의(크랍)카

- 한국인 통역사를 불러주시겠어요?
  ช่วยเรียกล่ามแปลภาษาเกาหลีให้หน่อยได้ไหม(ครับ)คะ
  추어의리악람쁘래파싸까우리하이너의다이마이(크랍)카

곤경에 처했을 때

- 어떻게 하면 좋죠?
  ควรจะทำอย่างไรดี(ครับ)คะ
  쿠언탐양라이디(크랍)카

- 심각한 문제가 생겼어요.
  เกิดปัญหาร้ายแรงขึ้น(ครับ)ค่ะ
  끄엇빤하라이랭큰(크랍)카

- 지금 곤경에 처했어요.
  ตอนนี้ตกอยู่ในสภาวะยากลำบาก(ครับ)ค่ะ
  떤니똑유나이싸파와약람박(크랍)카

분실했을 때

- 유실물 센터는 어디인가요? แผนกของหายอยู่ที่ไหน(ครับ)คะ
  파낵컹하이유티나이(크랍)카

- 아무리 찾아도 없어요. หาแล้วไม่มี(ครับ)ค่ะ
  하래우마이미(크랍)카
- 어디서 잃어버렸는지 모르겠어요. ไม่แน่ใจว่าทำของหายที่ไหน(ครับ)ค่ะ
  마이내짜이와탐컹하이티나이(크랍)카
- 무엇을 잃어 버렸나요? ทำของอะไรหาย(ครับ)คะ
  탐컹아라이하이(크랍)카

상황이 위급할 때

- 도와주세요! ช่วยด้วย(ครับ)ค่ะ
  추어의두어의(크랍)카

- 누구 없어요? มีใครอยู่ไหม(ครับ)คะ
  미크라이유마이(크랍)카
- 경찰을 불러주세요. ช่วยเรียกตำรวจให้หน่อย(ครับ)ค่ะ
  추어의리악땀루엇하이너의(크랍)카
- 알았으니 해치지 마세요. รู้แล้ว อย่าทำร้าย(ครับ)ค่ะ
  루래우 야탐라이(크랍)카

경찰서에서

- 도난 신고를 하고 싶어요. ต้องการแจ้งความโดนขโมย(ครับ)ค่ะ
  떵깐쨍쾀돈카모이(크랍)카

- 제 여권을 도난당했어요. (ผม)ดิฉันโดนขโมยพาสปอร์ต(ครับ)ค่ะ
  (폼)디찬돈카모이팟싸뻣(크랍)카
- 지금 한국 대사관으로 연락해 주세요. ช่วยติดต่อสถานทูตเกาหลีตอนนี้ให้หน่อย(ครับ)ค่ะ
  추어의띳떠싸탄툿까우리떤니하이너의(크랍)카
- 찾으면 한국으로 보내주세요. ถ้าเจอช่วยส่งไปให้ที่เกาหลีด้วย(ครับ)ค่ะ
  타쯔어추어의쏭빠이하이티까우리두어의(크랍)카

사고를 당했을 때

- 의사를 불러주세요. ช่วยเรียกคุณหมอให้หน่อย(ครับ)ค่ะ 추어의리악쿤머하이너의(크랍)카
- 진료를 받고 싶은데요. ต้องการตรวจรักษา(ครับ)ค่ะ 떵깐뜨루엇락싸(크랍)카
- 제 친구가 교통 사고를 당했어요. เพื่อนของ(ผม)ดิฉันประสบอุบัติเหตุทางรถยนต์(ครับ)ค่ะ 프안컹(폼)디찬쁘라쏩우밧띠헷탕롯욘(크랍)카
- 친구가 차에 치었어요. เพื่อนถูกรถชน(ครับ)ค่ะ 프안툭롯촌(크랍)카
- 그를 병원으로 데려가 주시겠어요? ช่วยพาเขาไปส่งที่โรงพยาบาลหน่อยได้ไหม(ครับ)คะ 추어의파카우빠이쏭티롱파야반너의다이마이(크랍)카

몸이 좋지 않을 때

- 몸이 아파요. ไม่สบาย(ครับ)ค่ะ 마이싸바이(크랍)카
- 멀미가 나요. รู้สึกวิงเวียน(ครับ)ค่ะ 루쓱윙위안(크랍)카
- 몸이 좋지 않아요. ร่างกายไม่ค่อยดี(ครับ)ค่ะ 랑까이마이커의디(크랍)카
- 몸 상태가 이상해요. สภาพร่างกายไม่ปกติ(ครับ)ค่ะ 싸팝랑까이마이뽁까띠(크랍)카

약국에서

- 처방전이 있어요? มีใบสั่งยาไหม(ครับ)คะ 미바이쌍야마이(크랍)카
- 이 처방전 약을 주세요. ช่วยจ่ายยาตามใบสั่งนี้หน่อย(ครับ)ค่ะ 추어의짜이야땀바이쌍야니너의(크랍)카
- 이 약의 복용법을 알려주세요. ช่วยบอกวิธีรับประทานยานี้หน่อย(ครับ)ค่ะ 추어의벅위티랍쁘라탄야니너의(크랍)카
- 부작용이 있나요? มีผลข้างเคียงไหม(ครับ)คะ 미폰캉키앙마이(크랍)카

Unit 10 귀국할 때 เมื่อเดินทางกลับประเทศ

귀국할 때 쓰는 표현 Best 3

- 인천행을 예약하고 싶어요. ต้องการจองเที่ยวบินไปอินชอน(ครับ)ค่ะ
  떵깐쩡티우어빈빠이인천(크랍)카
- 예약을 확인하고 싶어요. ต้องการยืนยันการจอง(ครับ)ค่ะ
  떵깐은얀깐쩡(크랍)카
- 예약을 변경하고 싶어요. ต้องการเปลี่ยนการจอง(ครับ)ค่ะ
  떵깐쁘리안깐쩡(크랍)카

기본단어

예약하다	จอง	쩡
탑승객	ผู้โดยสาร	푸도이싼
확인하다	คอนเฟิร์ม, ยืนยัน	컨펌, 은얀
재확인하다	รีคอนเฟิร์ม, ยืนยันอีกครั้ง	리컨펌, 은얀익크랑
취소하다	แคนเซิล, ยกเลิก	캔쓸, 욕르억
대한항공 카운터	เคาน์เตอร์สายการบินโคเรียนแอร์ไลน์	카우떠싸이깐빈코리안애라인
면세점	ดิวตี้ฟรี, ร้านค้าปลอดภาษี	듀띠프리, 란카쁘럿파씨
면세	ปลอดภาษี	쁘럿파씨
탑승권	ตั๋วเครื่องบิน	뚜어크랑빈
수하물	สัมภาระ	쌈파라
기내 휴대용 가방	กระเป๋าสำหรับถือขึ้นเครื่องบิน	끄라빠우쌈랍트큰크랑빈
수하물을 부치다	โหลดสัมภาระ	롯쌈파라
입국 신고서	บัตรขาเข้าเมือง	밧카카우므앙
신고하다	สำแดง	쌈댕
세관 신고서	ใบสำแดงศุลกากร	바이쌈댕쑨라까껀
무게 제한	จำกัดน้ำหนัก	짬깟남낙

귀국할 때 많이 쓰는 핵심표현

귀국편을 예약할 때

- 인천행을 예약하고 싶어요. ต้องการจองเที่ยวบินไปอินชอน(ครับ)ค่ะ
  떵깐쩡티우어빈빠이인천(크랍)카
- 7월 16일 인천행 항공편이 있나요? มีเที่ยวบินไปอินชอนวันที่16 กรกฎาคมไหม(ครับ)คะ
  미티우어빈빠이인천완티씹혹까락까다콤마이(크랍)카
- 대기자 명단에 올려주세요. ช่วยใส่ในรายชื่อเวทติ้งลิสท์หน่อย(ครับ)ค่ะ
  추어의싸이나이라이츠윗띵릿너의(크랍)카

예약을 확인할 때

- 예약을 확인하고 싶어요. ต้องการยืนยันการจอง(ครับ)ค่ะ
  떵깐응얀깐쩡(크랍)카
- 한국에서 예약했어요. จองที่ในประเทศเกาหลีแล้ว(ครับ)ค่ะ
  쩡티나이쁘라텟까우리래우(크랍)카
- 예약이 확인됐습니다. ยืนยันการจองเรียบร้อยแล้ว(ครับ)ค่ะ
  은얀깐쩡리압러의래우(크랍)카

예약을 변경할 때

- 예약을 변경하고 싶어요. ต้องการเปลี่ยนแปลงการจอง(ครับ)ค่ะ
  떵깐쁘리안쁘랭깐쩡(크랍)카
- 금연석으로 바꿀 수 있나요? สามารถเปลี่ยนเป็นที่ปลอดบุหรี่ได้ไหม(ครับ)คะ
  싸맛쁘리안뻰티쁘럿부리다이마이(크랍)카
- 7월 1일로 바꿔주세요. ช่วยเปลี่ยนเป็นวันที่1กรกฎาคมหน่อย(ครับ)ค่ะ
  추어의쁘리안뻰완티능까락까다콤너의(크랍)카

예약을 취소할 때

- 예약을 취소해 주세요. ช่วยยกเลิกการจองให้หน่อย(ครับ)ค่ะ
  추어의욕르억깐쩡하이너의(크랍)카

- 예약을 취소하고 싶어요. ต้องการยกเลิกการจอง(ครับ)ค่ะ
  떵깐욕르억깐쩡(크랍)카
- 예약을 취소할 수 있나요? สามารถยกเลิกการจองได้ไหม(ครับ)คะ
  싸맛욕르억깐쩡다이마이(크랍)카
- 죄송하지만 예약을 취소해야겠습니다. ขอโทษ(ครับ)ค่ะ จำเป็นจะต้องยกเลิกการจอง(ครับ)ค่ะ
  커톳(크랍)카 짬뻰떵욕르억깐쩡(크랍)카

공항으로 갈 때

- 수완나품 공항으로 가 주세요. ไปสนามบินสุวรรณภูมิ(ครับ)ค่ะ
  빠이싸남빈수완나품(크랍)카

- 빨리 가 주세요. 늦었어요. ช่วยไปเร็วๆหน่อย(ครับ)ค่ะ สายแล้ว(ครับ)ค่ะ
  추어의빠이레우레우너의(크랍)카 싸이래우(크랍)카
- 공항까지 얼마나 걸릴까요? ใช้เวลานานเท่าไรไปถึงสนามบิน(ครับ)คะ
  차이외라난타우라이빠이틍싸남빈(크랍)카
- 공항까지 택시 요금이 얼마인가요? ค่าโดยสารแท็กซี่ไปสนามบินเท่าไร(ครับ)คะ
  카도이싼택시빠이싸남빈타우라이(크랍)카

탑승 수속을 할 때

- 탑승 수속은 어디서 하나요? เช็คอินขึ้นเครื่องบินได้ที่ไหน(ครับ)คะ
  첵인큰크랑빈다이티나이(크랍)카

- 짐을 여기에 놓아도 되나요? วางของที่นี่ได้ไหม(ครับ)คะ
  왕컹티니다이마이(크랍)카
- 창가쪽으로 주세요. ขอที่นั่งริมหน้าต่าง(ครับ)ค่ะ
  커티낭림나땅(크랍)카
- 친구와 같은 좌석으로 주세요. ขอที่นั่งติดกับเพื่อนให้หน่อย(ครับ)ค่ะ
  커티낭띳깝프안하이너의(크랍)카

수하물을 접수할 때

- 맡길 짐이 있나요? — มีสัมภาระที่จะโหลดไหม(ครับ)คะ
  미쌈파라티짜롯마이(크랍)카

- 가방을 맡길게요. — โหลดสัมภาระ(ครับ)ค่ะ
  롯쌈파라(크랍)카
- 이것은 기내에 가지고 들어가도 되나요? — อันนี้ถือขึ้นเครื่องบินได้ไหม(ครับ)คะ
  안니트큰크랑빈다이마이(크랍)카
- 무게 제한이 얼마인가요? — จำกัดน้ำหนักเท่าไร(ครับ)คะ
  짬깟남낙타우라이(크랍)카

공항 면세점에서

- 면세점은 어디 있나요? — ร้านค้าปลอดภาษีอยู่ที่ไหน(ครับ)คะ
  란카쁘럿파씨유티나이(크랍)카

- 한국 돈 받으시나요? — รับเงินเกาหลีไหม(ครับ)คะ
  랍응언까우리마이(크랍)카
- 미국 달러만 받습니다. — รับแต่เงินดอลล่าร์สหรัฐ(ครับ)ค่ะ
  랍때응언덜라싸하랏(크랍)카
- 한국에 가지고 들어갈 수 있나요? — สามารถถือเข้าไปในประเทศเกาหลีได้ไหม(ครับ)คะ
  싸맛트카우빠이나이쁘라텟까우리다이마이(크랍)카

귀국편 기내에서

- 식사는 언제 나와요? — อาหารจะเสริฟเมื่อไร(ครับ)คะ
  아한짜쓰업므아라이(크랍)카

- 기내 면세품을 사고 싶어요. — ต้องการซื้อสินค้าปลอดภาษีบนเครื่องบิน(ครับ)ค่ะ
  떵깐쓰씬카쁘럿파씨본크랑빈(크랍)카
- 입국카드 작성법을 알려주세요. — ช่วยบอกวิธีการกรอกบัตรขาเข้าเมืองหน่อย(ครับ)ค่ะ
  추어의벅위티깐끄럭밧카카우므앙너의(크랍)카
- 인천에 제 시간에 도착하나요? — ถึงอินชอนตามกำหนดเวลาไหม(ครับ)คะ
  틍인천땀깜놋외라마이(크랍)카

PHILIPPINES
-ENGLISH-

THAILAND

VIETNAM

LAOS

CAMBODIA

VIETNAM

Unit 1

기내에서 Trên máy bay

기내에서 쓰는 표현 Best 3

- 제 좌석은 어디죠? **Chỗ của tôi ở đâu?** 쪼 꿔 또이 어 도우
- 닭고기 주세요. **Cho tôi thịt gà.** 쩌 또이 팃 가
- 담요 한 장 주시겠어요? **Có thể cho tôi một cái chăn không?** 꺼 테 쩌 또이 못 가이 짠 콩

기본단어

여권	**hộ chiếu** 호 찌에우	탑승권	**thẻ lên máy bay** 태 랜 마이 바이
비자	**visa** 비자	1등석	**hạng nhất** 항 느엇
비즈니스석	**hạng thương gia** 항 트엉자	일반석	**hạng phổ thông** 항 포 통
기장	**cơ trưởng** 거 쯔엉	창가 쪽 좌석	**ghế cạnh cửa sổ** 게 까잉 끄어 쏘
통로 쪽 좌석	**ghế cạnh lối đi** 게 까잉 로이 띠	식사 테이블	**bàn ăn** 반 안
기내 화장실	**nhà vệ sinh trên máy bay** 냐 베 싱 마이 바이	비어 있음	**trống** 쫑
사용 중	**đang được sử dụng** 땅 뜨억 쓰 쥼	입국카드	**tờ khai nhập cảnh** 떠 카이 녑 까잉
담요	**chăn** 짠	헤드폰	**tai nghe** 따이 응에

기내에서 많이 쓰는 핵심표현

자리를 찾을 때

- 제 좌석은 어디죠? — **Chỗ của tôi ở đâu?**
  쪼 꿔 또이 어 도우

- 33A는 어디예요? — **Ghế 33A ở đâu?**
  게 33아 어 더우
- 제 자리 찾는 것을 도와주시겠어요? — **Bạn có thể giúp tôi tìm chỗ ngồi được không?**
  반 꺼 테 즙 또이 띰 쪼 응오이 뜨억 콩

자리를 바꾸고 싶을 때

- 친구랑 제 좌석이 떨어져 있어요. — **Chỗ của tôi và bạn tôi không ở cạnh nhau .**
  쪼 꿔 또이 바 반 또이 콩 어 까잉 냐우

- 좌석을 바꿀 수 있을까요? — **Chúng tôi có thể đổi chỗ không?**
  쭝 또이 꺼 테 또이 쪼 콩
- 제 자리와 바꿀 수 있을까요? — **Bạn có thể đổi chỗ với tôi được không?**
  반 꺼 테 또이 쪼 버이 또이 뜨억 콩

좌석이 불편할 때

- 좌석을 뒤로 눕혀도 될까요? — **Tôi có thể ngả ghế ra sau được không?**
  또이 꺼 테 응아 게 라 싸우 뜨억 콩

- 좌석을 차지 말아주세요. — **Làm ơn đừng đá ghế.**
  람 언 뜽 다 게
- 좌석을 앞으로 좀 당겨주시겠어요? — **Bạn có thể dựng ghế lên một chút được không?**
  반 꺼 테 증 게 렌 못 쭛 뜨억 콩

식사를 주문할 때

- 닭고기 주세요. — **Cho tôi thịt gà.**
  쩌 또이 팃 가

- 소고기 주세요. — Cho tôi thịt bò.
  쩌 또이 팃 버
- 고추장 있어요? — Có tương ớt không?
  꺼 뜨엉 엇 콩
- 이것으로 부탁합니다. — Làm ơn cho tôi món này.
  람언 쩌 또이 먼 나이

음료를 주문할 때

- 오렌지 주스 있어요? — **Có nước cam không?**
  꺼 느억 깜 콩

- 커피 좀 주세요. — Cho tôi cà phê.
  쩌 또이 까페
- 시원하게 마실 것을 주시겠어요? — Có thể cho tôi đồ uống lạnh được không?
  꺼 테 쩌 또이 또 우엉 라잉 드억 콩
- 물 한 잔 주세요. — Cho tôi một cốc nước.
  쩌 또이 못 꼭 느억

화장실에 가고 싶을 때

- 실례지만, 화장실이 어디 있어요? — **Xin lỗi, nhà vệ sinh ở đâu?**
  신로이, 냐 베 싱 어 더우

- 지금 화장실에 가도 될까요? — Tôi có thể sử dụng nhà vệ sinh bây giờ được không?
  또이 꺼 테 쓰즁 냐 베 싱 바이 저 뜨억 콩
- 화장실에 휴지가 없어요. — Trong nhà vệ sinh không có giấy.
  쫑 냐 베 싱 콩 꺼 짜이
- 화장실이 어디예요? — Nhà vệ sinh ở đâu?
  냐 베 싱 어 더우

필요한 물건을 달라고 할 때

- 담요 한 장 주시겠어요? **Có thể cho tôi một cái chăn được không?** 꺼 테 쩌 또이 못 까이 짠 뜨억 콩
- 읽을 것 좀 주시겠어요? Có thể cho tôi một thứ gì đó để đọc được không? 꺼 테 쩌 또이 트 지 떠 떼 똑 뜨억 콩
- 수면용 안대를 가져다 주실 수 있나요? Có thể cho tôi một miếng che mắt được không? 꺼 태 쩌 또이 미엥 재 맛 뜨억 콩
- 한국어 신문이 있나요? Có báo tiếng Hàn Quốc không? 꺼 바오 띠엥 한 꿕 콩

도착에 관해서 물을 때

- 예정대로 도착하나요? **Máy bay sẽ hạ cánh đúng giờ chứ?** 마이 바이 새 하 까잉 뚱 저 쯔
- 런던은 몇 시에 도착하나요? Mấy giờ chúng ta sẽ hạ cánh ở London? 마이 저 쭝 따 새 하 까잉 어 뤈 돈
- 얼마나 지연될까요? Chuyến bay sẽ bị hoãn bao lâu? 주웬 바이 새 비 환 바오 러우
- 도착 시간은 언제인가요? Mấy giờ thì hạ cánh? 마이 저 티 하 까잉

입국 신고서 작성할 때

- 서류 작성법을 가르쳐주시겠어요? **Bạn có thể chỉ giúp tôi cách điền mẫu này được không?** 반 꺼 테 찌 쥽 또이 까익 띠엔 머우 나이 뜨억 콩
- 여기에는 무엇을 쓰는 건가요? Tôi phải điền gì vào đây? 또이 파이 띠엔 지 바오 더이
- 제 입국 신고서를 봐주시겠어요? Bạn có thể xem giúp tờ khai nhập cảnh của tôi được không? 반 꺼 테 샘 즙 떠 카이 느압 까잉 꿔 또이 뜨억 콩
- 입국 신고서 작성을 도와주세요. Làm ơn giúp tôi điền tờ khai nhập cảnh. 람언 즙 또이 띠엔 떠 카이 느압 까잉

Unit 2 공항에서 Ở sân bay

공항에서 쓰는 표현 Best 3

- 어디에서 오셨나요? — **Anh đến từ đâu?** 부 브네 두
- 직업이 무엇인가요? — **Anh làm nghề gì?** 아잉 람 응에 지
- 방문 목적이 무엇인가요? — **Mục đích chuyến đi của anh là gì?** 묵 띡 쮠 띠 꿔 아잉 라 지

기본단어

항공사	**hãng hàng không**	항 항콩
출발	**sảnh đi**	사잉 띠
도착	**sảnh đến**	사잉 뗀
환승하다	**nối chuyến**	노이 쮄
보안 검색	**soi chiếu an ninh**	써이 찌에우 안 닝
수하물 찾는 곳	**nơi nhận hành lý**	너이 느안 하잉 리
탑승 수속대	**quầy làm thủ tục**	꾸어이 람 투 뚝
탑승 대기실	**phòng chờ lên máy bay**	퐁 쩌 렌 마이 바이
탑승구	**cửa ra máy bay**	끄어 라 마이 바이
입국 심사	**Kiểm tra nhập cảnh**	끼엠 짜 느압 까잉
세관	**hải quan**	하이 꽌
무관세	**miễn thuế**	미엔 퉤
신고하다	**khai báo**	카이 바오
목적지	**điểm đến**	띠엠 뗀
유실물 취급소	**phòng hành lý thất lạc**	퐁 하잉 리 텃 락
환전	**đổi tiền**	또이 띠엔

공항에서 많이 쓰는 핵심표현

탑승에 대해 물을 때

- 몇 시에 탑승 시작하나요? **Mấy giờ thì bắt đầu lên máy bay?** 머이 저 티 밧 떠우 렌 마이 바이

- 몇 번 게이트로 가야 하나요? **Tôi phải ra cửa số mấy?** 또이 파이 라 끄어 쏘 머이
- 이거 기내에 가지고 탑승해도 되나요? **Tôi có được mang cái này lên máy bay không?** 또이 꺼 뜨억 망 까이나이 렌 마이바이 콩

직업을 물어볼 때

- 직업이 무엇인가요? **Anh làm nghề gì?** 아잉 람 응에 지

- 어떤 직종이세요? **Nghề nghiệp của anh là gì?** 응에 응이엡 꿔 아잉 라지
- 무슨 일을 하시나요? **Anh làm công việc gì?** 아잉 람 꽁 비엑 지

직업을 말할 때

- 저는 사업을 해요. **Tôi làm kinh doanh.** 또이 람 낑 조아잉

- 저는 회사원이에요. **Tôi là nhân viên công ty.** 또이 라 느안 비엔 꽁 띠
- 저는 주부예요. **Tôi là nội trợ.** 또이 람라 노이 쩌

입국 심사대 통과할 때

- 여권을 보여주세요. **Vui lòng cho tôi xem hộ chiếu.** 부이 롱 쩌 또이 샘 호 찌에우

- 어디에서 오셨나요? **Anh đến từ đâu?** 아잉 뗀 뜨 떠우
- 한국에서 왔어요. **Tôi đến từ Hàn Quốc.** 또이 뗀 뜨 한 꿕
- 방문 목적이 무엇인가요? **Mục đích chuyến đi của anh là gì?** 묵 띡 쮄 띠 꿔 아잉 라 지
- 관광입니다. **Tôi đi du lịch.** 또이 띠 주 릭
- 휴가 차 왔어요. **Tôi đi nghỉ.** 또이 띠 응이
- 얼마나 머무실 건가요? **Anh sẽ ở đây bao lâu?** 아잉 새 어 떠이 바오 러우
- 일주일 정도요. **Khoảng một tuần.** 쾅 못 뚜언
- 어디에서 숙박하실 건가요? **Anh sẽ ở đâu?** 아잉 새 어떠우
- 힐튼 호텔에서 묵을 겁니다. **Tôi sẽ ở khách sạn Hilton.** 또이 새 어 카익 산 힐턴
- 돌아가는 항공권을 보여주세요. **Cho tôi xem vé máy bay chiều về của anh.** 쩌 또이 샘 배 마이 바이 찌에우 베 꿔 아잉

짐을 찾을 때

- 짐은 어디에서 찾나요? **Tôi có thể nhận hành lý ở đâu?** 또이 꺼 태 년 하잉 리 어 떠우

- 제 수하물은 어디에서 찾을 수 있죠? **Tôi có thể lấy hành lý ở đâu?** 또이 꺼 테 라이 하잉리 어떠우
- 제 짐이 보이지 않아요. **Tôi không tìm thấy hành lý.** 또이 꽁 띰 터이 하잉 리
- 제 가방이 보이지 않아요. **Tôi không tìm thấy vali.** 또이 콩 띰 터이 바리

세관을 통과할 때

- 여권과 세관 신고서를 주세요. **Vui lòng cho tôi xem hộ chiếu và tờ khai hải quan của anh.**
  부이 롱 쩌 또이 샘 호 찌에우 바 떠 카이 하이 관 꿔 아잉

- 세관 신고서를 보여주시겠습니까? **Vui lòng cho tôi xem tờ khai hải quan của anh.**
  부이 롱 쩌 또이 샘 떠 카이 하이 관 꿔 아잉
- 세관 신고할 물건이 있나요? **Anh có gì cần khai báo không?**
  아잉 꺼 지 껀 카잉 바오 콩
- 아니 없습니다. **Không, tôi không có.**
  콩, 또이 콩 꺼

환승할 때

- 저는 런던행 환승객입니다. **Tôi là hành khách đi nối chuyến đến London.**
  또이 라 하잉 카익 띠 노이 쮄 뗀 뤈돈

- 갈아타는 곳이 어디인가요? **Khu vực nối chuyến ở đâu?**
  쿠 븍 노이 쮄 어떠우
- 경유시간은 얼마나 되나요? **Thời gian chờ nối chuyến là bao lâu?**
  터이 잔 쩌 노이 쮄 라 바오 러우
- 시드니행 환승 비행기를 놓쳤어요. **Tôi bị lỡ chuyến bay chuyển tiếp tới Sydney.**
  또이 비 러 쮄 바이 쮄 띠엡 떠이 씻니

환전할 때

- 환전소는 어디인가요? **Quầy đổi tiền ở đâu?**
  꾸어이 또이 띠엔 어 떠우

- 어디에서 환전하나요? **Tôi có thể đổi tiền ở đâu?**
  또이 꺼 테 또이 띠엔 어 떠우
- 달러로 바꿔주세요. **Đổi sang đô la cho tôi.**
  또이 쌍 똘라 쩌 또이
- 환전을 하고 싶은데요. **Tôi muốn đổi tiền.**
  또이 무언 또이 띠엔

Unit 3 숙소에서 Tại nơi nghỉ

숙소에서 쓰는 표현 Best 3

- 체크인하고 싶은데요. — **Tôi muốn nhận phòng.** 또이 무언 느안 퐁
- 아침 7시에 깨워주세요. — **Làm ơn đánh thức tôi lúc 7 giờ sáng.** 란 언 따잉 특 또이 룩 바이 저 쌍
- 아침 식사 시간은 몇 시예요? — **Bữa sáng bắt đầu từ mấy giờ?** 쁘아쌍 밧떠우 뜨 머이저

기본단어

입실 수속	**nhận phòng**	느안 풍
퇴실 수속	**trả phòng**	짜 퐁
예약	**đặt phòng**	땃 퐁
보증금	**tiền đặt cọc**	띠엔 땃 꺽
성수기	**mùa cao điểm**	뭐 까오 띠엠
비수기	**mùa thấp điểm**	뭐 텁 띠엠
손님	**khách**	카익
청구서	**biên lai**	비엔 라이
봉사료	**phí dịch vụ**	피 직 부
세탁물	**đồ giặt là**	또 짯 라
영수증	**hóa đơn**	화 떤
입구	**lối vào**	로이 바오
비상구	**cửa thoát hiểm**	끄어 톳 히엠
예약 확인서	**giấy xác nhận đặt phòng**	찌아이 삭 느안 땃 퐁
숙박 카드	**phiếu đăng ký đặt phòng**	피에우 당끼 땃 퐁
귀중품 보관소	**két an toàn**	깯 안 똰

숙소에서 많이 쓰는 핵심표현

체크인을 할 때

- 체크인하고 싶은데요. **Tôi muốn nhận phòng.** 또이 뭔 느안 퐁
- 마샤 강으로 예약을 했습니다. **Tôi đã đặt phòng bằng tên Marsha Kang.** 또이 따 땃 퐁 방 뗀 마쌰 강
- 이것이 예약 확인증이에요. **Đây là xác nhận đặt phòng.** 떠이 라 삭 느안 땃 퐁

룸이 마음에 들지 않을 때

- 방이 마음에 들지 않아요. **Tôi không thích phòng này.** 또이 콩 틱 퐁 나이
- 방을 바꿔주세요. **Đổi phòng cho tôi.** 또이 퐁 쩌 또이
- 경치가 좋은 방을 주시면 좋겠어요. **Tôi muốn phòng có hướng ngắm cảnh đẹp.** 또이 뭔 퐁 꺼 흐엉 응암 까잉 뎁

모닝콜을 부탁할 때

- 아침 7시에 깨워주세요. **Làm ơn đánh thức tôi lúc 7 giờ sáng.** 람 언 따잉 특 또이 룩 바이 저 쌍
- 아침 7시에 모닝콜 해주세요. **Làm ơn gọi điện đánh thức tôi lúc 7 giờ sáng.** 람 언 거이 띠엔 따잉 특 또이 룩 바이 저 쌍
- 아침 7시에 모닝콜을 걸어주시겠어요? **Có thể gọi điện đánh thức tôi lúc 7 giờ sáng không?** 꺼 테 거이 띠엔 따잉 특 또이 룩 바이 저 쌍 콩

조식에 대해 문의할 때

- 아침 식사는 어디에서 하나요? **Tôi có thể ăn sáng ở đâu?** 또이 꺼 테 안 쌍 어 떠우

- 아침 식사 시간은 몇 시예요? **Bữa sáng được phục vụ lúc mấy giờ?** 브아 쌍 뜨억 푹 부 룩 머이 저
- 아침 식사가 나오나요? **Bữa sáng bắt đầu lúc mấy giờ?** 브아 쌍 밧 떠우 룩 머이 저
- 조식이 포함되어 있나요? **Có bao gồm bữa sáng không?** 꺼 바오 곰 브아 쌍 콩

물건을 갖다 달라고 할 때

- 비누를 갖다 주세요. **Làm ơn mang cho tôi xà phòng.** 람 언 망 쩌 또이 사 퐁

- 타월을 더 주시겠어요? **Có thể cho tôi thêm khăn được không?** 꺼 테 쩌 또이 탬 칸 뜨억 콩
- 베개를 갖다 주세요. **Làm ơn mang cho tôi thêm gối.** 람 언 망 쩌 또이 탬 고이
- 화장지를 갖다 주세요. **Làm ơn mang cho tôi thêm giấy vệ sinh.** 람 언 망 쩌 또이 탬 저이 베 싱

Wi-Fi에 대해 물을 때

- 여기 와이파이 되나요? **Ở đây có wifi không?** 어 떠이 꺼 와이파이 콩

- 와이파이 비밀번호 뭐예요? **Mật khẩu wifi là gì?** 멋 커우 와이파이 라 지
- 와이파이를 연결해 주세요. **Làm ơn kết nối wifi cho tôi.** 람 언 껟 노이 와이파이 쩌 또이
- 무료 와이파이가 있나요? **Ở đây có wifi miễn phí không?** 어 떠이 꺼 와이파이 미엔 피 콩

청소를 요청할 때

- 시트를 바꿔주세요. **Làm ơn thay ga giường giúp tôi.**
  람 언 타이 가 쯔엉 즙 또이

- 침대를 정돈해 주세요. Làm ơn dọn giường giúp tôi.
  람 언 전 쯔영 즙 또이
- 나가 있는 동안 방을 청소해 주세요. Làm ơn dọn phòng khi tôi ra ngoài.
  람 언 전 퐁 키 또이 라 응와이
- 제 방 청소가 아직 안 되었네요. Phòng của tôi vẫn chưa được dọn.
  퐁 꿔 또이 반 쯔아 뜨억 전

세탁 서비스를 받고 싶을 때

- 세탁 서비스가 있나요? **Ở đây có dịch vụ giặt là không?**
  어 떠이 꺼 직 부 짠 라 콩

- 제 블라우스를 세탁해 주세요. Tôi muốn giặt áo.
  또이 뭔 짠 아오
- 언제 다 됩니까? Khi nào thì xong?
  키 나오 티 송
- 제 세탁물은 다 되었나요? Đồ của tôi đã giặt xong chưa?
  도 꿔 또이 다 짠 송 쯔아

체크아웃할 때

- 체크아웃하려고요. **Tôi sẽ trả phòng.**
  또이 새 짜 퐁

- 체크아웃하고 싶은데요. Tôi muốn trả phòng.
  또이 뭔 짜 퐁
- 몇 시에 체크아웃해야 하나요? Tôi phải trả phòng lúc mấy giờ?
  또이 파이 짜 퐁 룩 머이 저
- 체크아웃은 몇 시인가요? Giờ trả phòng là mấy giờ?
  저 짜 퐁 라 머이 저

Unit 4 거리에서 Trên đường phố

거리에서 쓰는 표현 Best 3

- 힐튼 호텔로 가 주세요.
  Cho tôi tới khách sạn Hilton.
  저 또이 떠이 카익 산 힐턴
- 거기까지 걸어갈 수 있나요?
  Tôi có thể đi bộ tới đó được không?
  또이 꺼 테 디보 떠이 더 뜨억 콩
- 박물관은 어디 있나요?
  Bảo tàng ở đâu?
  바오땅 어떠우

기본단어

한국어	Tiếng Việt	발음
인도	**vỉa hè**	비아해
차도	**lòng đường**	렁 뜨엉
길	**đường lớn**	뜨엉 런
도로 표지판	**biển báo**	비엔 바오
신호등	**đèn giao thông**	땐 자오 통
지하철 갈아타는 곳	**điểm đổi tàu điện ngầm**	띠엠 또이 따우 띠엔 응엄
매표소	**phòng vé**	퐁 배
예정대로	**theo dự kiến**	태우 즈 끼엔
급행열차	**tàu nhanh**	따우 냐잉
편도	**một chiều**	못 찌에우
승객	**hành khách**	하잉 카익
왕복	**khứ hồi**	크 호이
주의	**chú ý**	주 의
위험	**nguy hiểm**	응위 히엠
주차금지	**cấm đỗ xe**	껌 또 새
주차장	**bãi đỗ xe**	바이 또 새

거리에서 많이 쓰는 핵심표현

길을 물을 때

- 실례합니다. 박물관에는 어떻게 가나요? **Xin lỗi, tới bảo tàng đi đường nào?**
  신 로이, 떠이 바오 땅 띠 뜨엉 나오

- 그곳에 어떻게 가는지 알려주세요. **Làm ơn chỉ cho tôi đường tới đó.**
  람 언 찌 저 또이 뜨엉 떠이 떠

- 지하철까지 이 길로 가면 되나요? **Đi đường này tới ga tàu điện ngầm phải không?**
  띠 뜨엉 나이 떠이 가 따우 띠엔 응암 파이 콩

장소를 찾을 때

- 공중 화장실은 어디에 있어요? **Nhà vệ sinh công cộng ở đâu?**
  냐 베 싱 공 공 어 떠우

- 박물관은 어디인가요? **Bảo tàng ở đâu?**
  바오 땅 어 떠우

- 백화점은 어디인가요? **Trung tâm thương mại ở đâu?**
  쭝 땀 트엉 마이 어 떠우

소요 시간을 물을 때

- 여기에서 가까운가요? **Nó có gần đây không?**
  너 거 건 떠이 콩

- 거기까지 걸어갈 수 있나요? **Tôi có thể đi bộ tới đó được không?**
  또이 꺼 테 띠 보 떠이 떠 뜨억 콩

- 시간이 어느 정도 걸리나요? **Mất bao nhiêu thời gian?**
  멋 바오 니에우 터이 잔

길을 잃었을 때

◎ 길을 잃었어요. 도와주세요. **Tôi bị lạc đường. Làm ơn giúp tôi.**
또이 비 락 뜨엉. 람 언 즙 또이

◎ 실례합니다. 제가 지금 있는 곳이 지도에서 어디인가요? **Xin lỗi. Có thể chỉ cho tôi vị trí hiện tại trên bản đồ được không?**
신로이. 꺼 테 찌 쩌 또이 비 찌 히엔 따이 쩬 반 도 뜨억 콩

◎ 길을 잘못 들었어요. 여기가 어디예요? **Chúng tôi đi nhầm đường. Đây là đâu?**
또이 띠 느얌 뜨엉. 떠이 라 떠우

◎ 저는 지하철을 찾고 있어요. **Tôi đang tìm ga tàu điện ngầm.**
또이 땅 띰 가 떠우 띠엔 응암

상대방이 길을 물어볼 때

◎ 미안합니다. 저도 모릅니다. **Xin lỗi . Tôi cũng không biết.**
신로이. 또이 궁 콩 비엣

◎ 관광객이라 저도 잘 모릅니다. **Tôi là khách tham quan nên tôi không biết.**
또이 라 카익 탐 관 넨 또이 콩 비엣

◎ 다른 사람에게 물어 보시죠. **Bạn thử hỏi người khác xem.**
반 트 호이 응어이 칵 샘

버스를 탈 때

◎ 버스 정류장은 어디인가요? **Bến xe buýt ở đâu?**
벤 새 뷧 어떠우

◎ 어떤 버스가 시내로 가나요? **Xe buýt nào đi vào trung tâm thành phố?**
새 뷧 나오 띠 바오 쭝 떰 타잉 포

◎ 버스 시간표를 주시겠어요? **Có thể cho tôi thời gian biểu xe buýt được không?**
꺼 테 쩌 또이 터이 잔 비에우 새 뷧 뜨억 콩

◎ 이 버스 시내로 가나요? **Xe này có đi về trung tâm thành phố không?**
새 나이 꺼 띠베 쭝 떰 타잉 포 콩

지하철을 탈 때

- 이 근처에 지하철역이 있나요? **Gần đây có ga tàu điện ngầm nào không?**
  건 떠이 꺼 가 따우 띠엔 응암 나오 콩
- 몇 호선이 공항 가나요? **Đi đường tàu số mấy để ra sân bay?**
  띠 뜨엉 따우 쏘 마이 떼 라 선바이
- 자동 매표기는 어디 있나요? **Máy bán vé tự động ở đâu?**
  마이 반 배 뜨 똥 어떠우
- 가장 가까운 지하철역까지 거리가 얼마나 되나요? **Từ đây tới ga tàu điện ngầm gần nhất là bao xa?**
  뜨 떠이 떠이 가 따우 띠엔 응암 건 냣 라 바오 사

지하철을 탔을 때

- 갈아타야 해요? **Tôi có phải đổi tàu không?**
  또이 거 파이 또이 따우 콩
- 어디에서 갈아타야 해요? **Tôi phải đổi tàu ở đâu?**
  또이 파이 또이 따우 어 떠우
- 이거 시청에 가나요? **Tàu này có đi tới tòa thị chính không?**
  따우 나이 꺼 띠 떠이 똬 티 찡 콩
- 다음이 채링크로스 역인가요? **Ga tiếp theo có phải Charing Cross không?**
  가 띠엡 태오 꺼 파이 채링크로스 콩

택시를 탈 때

- 택시 승강장은 어디인가요? **Điểm đón taxi ở đâu?**
  띠 엠 떤 딱시 어 떠우
- 어디에서 택시를 탈 수 있어요? **Tôi có thể bắt taxi ở đâu?**
  또이 꺼 테 밧 딱시 어떠우
- 트렁크를 열어주시겠어요? **Mở cốp xe giúp tôi được không?**
  머 꼽 새 즙 또이 뜨억 콩
- 이 주소로 가 주세요. **Cho tôi tới địa chỉ này.**
  쩌 또이 떠이 띠아 찌 나이

Unit 5 관광지에서 Tại điểm tham quan

관광지에서 쓰는 표현 Best 3

- 이 도시에서 가장 유명한 것은 무엇인가요?
  Thứ nổi tiếng nhất ở thành phố này là gì?
  트 노이 띠엥 냣 어 타잉 포 나이 라 지
- 입장료는 얼마인가요?
  Vé vào cửa bao nhiêu tiền?
  배 바오 끄아 바오 니에우 티엔
- 여기에서 사진을 찍어도 되나요?
  Tôi có thể chụp ảnh ở đây được không?
  또이 꺼 테 쭙 아잉 어 떠이 뜨억 콩

기본표현

여행	**tour**	투어
관광객	**khách du lịch**	카익 주 릭
관광	**tham quan**	탐 관
시내 관광	**tham quan thành phố**	탐 관 타잉 포
반나절	**nửa ngày**	느아 응아
하루	**cả ngày**	까 응아이
당일 여행	**tour trong ngày**	투어 쩡 응아이
추천하다	**gợi ý**	거이 이
관광 명소	**điểm du lịch**	띠엠 주 릭
입장료	**giá vé vào cửa**	쨔 배 바오 끄아
전망대	**đài quan sát**	따이 관 살
계속되다	**tiếp tục**	띠엡 뚝
기념품	**quà lưu niệm**	과 르우 니엠
기념품점	**cửa hàng đồ lưu niệm**	끄아 항 또 르우 니엠
줄	**hàng**	항
인상적인	**ấn tượng**	언 뜨엉

관광지에서 많이 쓰는 핵심표현

관광 안내소에서

- 무료 지도가 있나요? **Ở đây có bản đồ miễn phí không?**
  어떠이 꺼 반도 미엔 피 콩

- 관광 정보가 필요합니다. **Tôi cần thông tin hướng dẫn du lịch.**
  또이 껀 통 띤 흐엉 전 주릭

- 런던 시내를 관광하고 싶은데요. **Tôi muốn tham quan London**
  또이 뭔 탐 관 뤈 돈

관광 정보를 수집할 때

- 이 도시에서 가장 유명한 것은 무엇인가요? **Thứ nổi tiếng nhất ở thành phố này là gì?**
  트 노이 띠 엥 냣 어 타잉 포 나이 라 지

- 갈 만한 곳을 추천해 주시겠어요? **Bạn có thể giới thiệu cho tôi vài địa điểm nên đi được không?**
  반 꺼 테 쩌이 티에우 쩌 또이 바이 띠아 띠엠 넨 띠 뜨억 콩

- 이 도시의 관광명소에는 어떤 것이 있나요? **Các điểm du lịch nổi tiếng ở thành phố này gồm những gì?**
  각 띠엠 주 릭 노이 띠엥 어 타잉 포 나이 곰 느응 지

입장료를 물을 때

- 입장료는 얼마인가요? **Vé vào cửa bao nhiêu tiền?**
  배 바오 끄아 바오 니에우 띠엔

- 한 사람당 얼마인가요? **Vé cho mỗi người là bao nhiêu?**
  배 쩌 모이 응어이 라 바오 니에우

- 어른 2장, 아이 1장 주세요. **Cho tôi 2 vé người lớn, 1 vé trẻ em.**
  쩌 또이 하이 배 응어이 런, 못 배 째 앰

투어 프로그램을 이용할 때

- 관광 버스 투어가 있나요? **Ở đây có xe buýt tham quan không?**
  어 떠이 꺼 새 뷧 탐 관 콩
- 시간이 얼마나 걸리나요? **Mất bao nhiêu thời gian?**
  멋 바오 니에우 터이 잔
- 투어는 매일 있나요? **Có tour hàng ngày không?**
  꺼 투어 항응 아이 콩
- 오전 투어가 있나요? **Có tour buổi sáng không?**
  꺼 투어 부어 이쌍 콩
- 야간 관광은 있나요? **Có tour buổi tối không?**
  꺼 투어 부어 이또이 콩
- 몇 시에 떠나요? **Xe khởi hành lúc mấy giờ?**
  새 커이 하잉 룩 머이 저
- 어디에서 출발하나요? **Xe xuất phát ở đâu?**
  새 수엇 팟 어 떠우

관광을 하면서

- 여기에 누가 살았었나요? **Ai đã sống ở đây?**
  아이 따 송 어 떠이
- 언제 지어진 건가요? **Nó được xây dựng năm nào?**
  너 뜨억 써이 증 남 나오
- 저 건물은 무엇인가요? **Tòa nhà này là gì?**
  똬 냐 나이 라 지
- 높이는 어느 정도인가요? **Nó cao bao nhiêu mét?**
  너 까오 바오 니에우 맨
- 몇 년이나 된 건가요? **Nó được xây dựng bao nhiêu năm rồi?**
  너 뜨억 써이 증 바오 니에우 남 로이

투어 버스 안에서

- 자유 시간은 있나요? **Tour này có thời gian tự do không?**
  투어 나이 꺼 터이 잔 뜨 저 콩

- 여기에서 얼마나 있나요? **Chúng ta sẽ dừng ở đây bao lâu?**
  쭝 따 새 증 어 떠이 바오 러우
- 몇 시에 돌아오나요? **Khi nào thì chúng ta quay về?**
  키 나오 쭝 따 과이 베
- 시간은 어느 정도 있나요? **Chúng ta có bao nhiêu thời gian?**
  쭝 따 꺼 바오 니에우 터이 잔

촬영을 부탁할 때

- 사진을 찍어주시겠어요? **Làm ơn chụp giúp chúng tôi một bức ảnh được không?**
  람 언 쭙 즙 쭝 또이 못 븍 아잉 뜨억 콩

- 여기서 제 사진 좀 찍어주세요. **Làm ơn chụp giúp tôi một bức ảnh ở đây.**
  람 언 쭙 쭙 또이 못 븍 아잉 어 떠이
- 이 버튼을 누르세요. **Ấn nút này.**
  언 눗 나이
- 한 장 더 부탁합니다. **Làm ơn chụp giúp tôi một bức nữa.**
  람 언 쭙 쭙 또이 못 븍 느아

촬영을 허락받을 때

- 여기에서 사진을 찍어도 되나요? **Tôi có được chụp ảnh ở đây không?**
  또이 꺼 뜨억 쭙 아잉 어 떠이 콩

- 플래시를 써도 되나요? **Tôi có được dùng đèn flash không?**
  또이 꺼 뜨억 즁 뗀 플랫 콩
- 비디오를 찍어도 되나요? **Tôi có được quay phim không?**
  또이 꺼 뜨억 꽈이 핌 콩
- 당신 사진을 찍어도 되나요? **Tôi có thể chụp bạn được không?**
  또이 꺼 테 쭙 반 뜨억 콩

Unit 6 식당에서 Ở nhà hàng

식당에서 쓰는 표현 Best 3

- 주문하시겠습니까? — **Quý khách muốn dùng gì?**
  귀 카익 뭔 중 지
- 스테이크 2인분 주세요. — **Cho tôi 2 phần thịt bò bít tết.**
  저 또이 하이 판 팃 보 빗 뗏
- 소금 좀 갖다 주시겠어요? — **Có thể cho tôi một chút muối không?**
  꺼 테 저 또이 못 쭛 무오이 콩

기본단어

레스토랑	**nhà hàng** 냐 항	주문	**gọi món** 거이 먼
식사	**bữa ăn** 브아 안	요리	**món ăn** 먼 안
접시	**đĩa** 띠아	젓가락	**đũa** 뚜어
예약석	**bàn đặt trước** 반 땃 쯔억	봉사료	**phí dịch vụ** 피 직 부
소금	**muối** 무어이	설탕	**đường** 뜨엉
후추가루	**hạt tiêu** 띠에우	식초	**giấm** 잠
매운	**cay** 까이	싱거운	**nhạt** 냣
짠	**mặn** 만	달콤한	**ngọt** 응엇

식당에서 많이 쓰는 핵심표현

식당을 찾을 때

- 식당을 찾고 있는데요. **Tôi đang tìm nhà hàng.** 또이 땅 띰 냐 항

- 가장 가까운 식당은 어디인가요? **Nhà hàng gần nhất ở đâu?** 냐 항 건 녓 어 떠우
- 이 시간에 문을 연 식당이 있나요? **Có nhà hàng nào mở cửa giờ này không?** 꺼 냐 항 나오 머 끄아 저 나이 콩
- 가벼운 식사를 하고 싶은데요. **Tôi muốn một bữa ăn nhẹ.** 또이 뭔 못 브아 안 냬
- 근처에 한국 식당이 있나요? **Có nhà hàng Hàn Quốc nào gần đây không?** 꺼 냐 항 한 꿕 나오 건 떠이 콩

식당을 예약할 때

- 예약이 필요한가요? **Tôi có cần đặt bàn trước không?** 또이 꺼 껀 떳 반 쯔억 콩

- 오늘 밤 7시에 세 사람 자리를 예약하고 싶습니다. **Tôi muốn đặt bàn cho 3 người lúc 7 giờ tối nay.** 또이 뭔 떳 반 쩌 바 응어이 룩 바이 저 또이 나이
- 복장 규제가 있나요? **Có quy định gì về trang phục không?** 꺼 귀 띵 지 베 짱 푹 콩
- 일행이 몇 분인가요? **Có bao nhiêu người dự tiệc?** 꺼 바오 니에우 응어이 즈 띠엑
- 금연석으로 부탁합니다. **Tôi muốn đặt bàn ở khu vực không hút thuốc.** 또이 뭔 떳 반 어 쿠 븍 콩 훗 퉉
- 예약을 취소하고 싶습니다. **Tôi muốn hủy đặt bàn.** 또이 뭔 휘 떳 반

주문할 때

- 주문하시겠어요? **Quý khách dùng gì?** 귀 카익 즁 지

- 이제 주문하겠어요. **Tôi muốn gọi món.** 또이 뭔 거이 먼
- 스테이크 2인분 주세요. **Cho tôi hai phần thịt bò bít tết.** 쩌 또이 하이 판 팃 보 빗 뗏
- 스테이크는 어떻게 해 드릴까요? **Quý khách muốn nấu bò bít tết thế nào?** 귀 타익 뭔 나우 보 빗 뗏 태 나오
- 잘 익혀주세요. **Làm chín kỹ cho tôi.** 람 찐 끼 쩌 또이
- 어떤 음식을 추천해 주실 건가요? **Anh có thể giới thiệu một vài món không?** 아잉 꺼 테 저이 티에우 못 바이 먼 콩
- 점심 특선은 무엇인가요? **Bữa trưa ở đây có món gì đặc biệt không?** 브아 쯔아 어 떠이 꺼 먼 지 딱 비엣 콩
- 음료는 무엇으로 하시겠습니까? **Quý khách có muốn uống gì không?** 귀 카익 꺼 뭔 우엉 지 콩
- 아니, 됐어요. 그냥 물만 주세요. **Không, cảm ơn. Cho tôi nước lọc là được.** 콩, 깜언. 쩌 또이 느억 록 라 뜨억
- 디저트는 뭐가 있어요? **Ở đây có những món tráng miệng nào?** 어떠이 꺼 능 먼 짱미엥 나오

계산할 때

- 계산서 주세요. **Cho tôi hóa đơn tính tiền.** 쩌 또이 화 떤 띵 띠엔

- 제가 살게요. **Tôi sẽ trả tiền.** 또이 새 짜 띠엔
- 신용카드로 해도 되나요? **Ở đây có nhận thẻ tín dụng không?** 어 떠이 꺼 년 태 띤 쭝 콩
- 물론입니다. 여기에 서명해 주세요. **Chúng tôi có nhận. Mời quý khách ký vào đây.** 또이 꺼 년. 머이 귀 카익 끼 바오 떠이

패스트 푸드점에서 주문할 때

- 햄버거와 콜라주세요. **Cho tôi một phần hamburger và một lon coca.**
  쩌또 이 못 판 함버거 바 못 런 코카

- 여기서 드시나요? 아니면 포장해 드릴까요? **Quý khách dùng ở đây hay mang đi?**
  귀 카익 즁 어 떠이 하이 망 띠
- 포장해 주세요. **Mang đi.**
  망 띠
- 어떤 사이즈로 하시겠습니까? **Quý khách muốn bánh cỡ nào?**
  귀 카익 뭔 바잉 꺼 나오
- 중간 사이즈로 주세요. **Cho tôi cỡ trung bình.**
  쩌 또이 꺼 쭝 빙
- 리필해 주세요. **Cho tôi thêm 1 ly nữa.**
  쩌 또이 탬 못 리느아

주문 요리에 문제가 있을 때

- 주문한 게 아직 안 나왔는데요. **Đồ của tôi vẫn chưa ra.**
  도 꿔 또이 반 쯔아 라

- 얼마나 기다려야 하나요? **Chúng tôi phải đợi bao lâu nữa?**
  또이 파이 떠이 바오 러우 느아
- 커피 두 잔 주문했는데요. **Tôi đã gọi hai cốc café.**
  또이 다 거이 하이 꼭 카페
- 주문을 확인해 주시겠어요? **Anh có thể kiểm tra đơn gọi món của chúng tôi không?**
  아잉 꺼 테 끼엠 짜 떤 거이 먼 꿔 쭁 또이 콩
- 다른 요리가 나왔어요. **Món này bị nhầm rồi.**
  먼 나이 비 냠 로이
- 이것은 제가 주문한 게 아니에요. **Chúng tôi không gọi món này.**
  또이 콩 거이 먼 나이
- 차가 식었어요. **Trà của tôi bị nguội.**
  짜 꿔또이 비 응외
- 이 요리를 데워주세요. **Làm ơn hâm nóng món này giúp tôi.**
  람 언 함 농 먼 나이 즙 또이

Unit 7 상점에서 Ở cửa hàng

상점에서 쓰는 표현 Best 3

- 어서 오세요.
  Hoan nghênh quý khách
  환 응엥 귀 카익
- 그냥 좀 둘러보고 있어요.
  Tôi chỉ muốn xem đồ một chút.
  또이 찌 뭔 샘 도 못 쭛
- 다른 것을 보여주세요.
  Cho tôi xem cái khác.
  쩌 또이 샘 까이 칵

기본단어

선물 가게	**cửa hàng đồ lưu niệm**	끄아 항 또 르우 니엠
보석 가게	**cửa hàng đồ trang sức**	끄아 항 또 짱 슥
할인 가게	**cửa hàng đồ giảm giá**	끄아 항 또 잠 쟈
편의점	**cửa hàng tiện lợi**	끄아 항 띠엔 러이
종이 봉지	**túi giấy**	뚜이 쩌이
비닐 봉지	**túi nylon**	뚜이 닐롱
계산원	**nhân viên thu ngân**	냔 비엔 투 응언
점원	**nhân viên bán hàng**	냔 비엔 반 항
면	**cốt-tông**	꼿 똥
가죽	**da**	자
헐렁한	**lỏng**	롱
목걸이	**dây chuyền**	저이 쮄
귀걸이	**khuyên tai**	퀴엔 따이
반지	**nhẫn**	냔
팔찌	**vòng tay**	봉 따이
브로치	**ghim cài áo**	김 까이 아오

상점에서 많이 쓰는 핵심표현

쇼핑센터를 찾을 때

◎ 쇼핑센터는 어느 방향인가요? **Tới trung tâm mua sắm đi đường nào?**
떠이 쭝 땀 뭐 쌈 띠 뜨엉 나오

◎ 쇼핑몰은 어디인가요? **Trung tâm thương mại ở đâu?**
쭝 땀 트엉 마이 어 떠우

◎ 쇼핑가는 어디에 있나요? **Khu vực mua sắm ở đâu?**
쿠 븍 뭐 쌈 어 떠우

가게를 찾을 때

◎ 편의점을 찾고 있는데요. **Tôi đang tìm cửa hàng tiện lợi.**
또이 당 띰 끄아 항 띠엔 러이

◎ 이 주변에 할인 가게가 있나요? **Gần đây có cửa hàng giảm giá nào không?**
건 떠이 꺼 끄아 항 잠 쨔 나오 콩

◎ 운동화는 어디서 사나요? **Tôi có thể mua giày thể thao ở đâu?**
또이 꺼 테 뭐 쨔이 테 타오 어떠우

가게에 들어섰을 때

◎ 어서 오세요. **Hoan nghênh quý khách.**
환 응엥 귀 카익

◎ 좀 둘러봐도 되나요? **Tôi có thể xem một chút không?**
또이 꺼 테 샘 못 쭛 콩

◎ 그냥 좀 둘러보고 있어요. **Tôi chỉ xem thôi.**
또이 찌 샘 토이

사고 싶은 물건을 찾을 때

- 스카프가 있나요? — **Ở đây có khăn quàng cổ không?**
  어떠이 꺼 칸 광꼬 콩

- 선글라스를 찾고 있어요. — **Tôi đang tìm kính râm.**
  또이 당 띰 낑 람
- 가장 인기 있는 건 무엇인가요? — **Thứ được yêu thích nhất ở đây là gì?**
  트 뜨억 이에우 틱 냣 어 떠이 라 지
- 기념품으로 좋은 게 있나요? — **Có đồ gì mua làm kỉ niệm được không?**
  꺼 도지 무아 람 기니엠 뜨억 콩

물건을 보고 싶을 때

- 그걸 봐도 될까요? — **Tôi có thể xem cái đó không?**
  또이 꺼 테 샘 까이 떠 콩

- 저것 좀 보여주세요. — **Cho tôi xem cái đó.**
  쩌 또이 샘 까이 떠
- 이거 입어봐도 되나요? — **Tôi có thể mặc thử cái này không?**
  또이 꺼 테 막 트 까이 나이 콩
- 좀 더 작은 것이 있나요? — **Có cỡ nhỏ hơn không?**
  꺼 거 녀 헌 콩

다른 물건을 찾을 때

- 다른 것은 없어요? — **Còn cái nào khác không?**
  껀 까이 나오 칵 콩

- 다른 것을 보여주세요. — **Cho tôi xem cái khác.**
  쩌 또이 샘 까이 칵
- 좀 더 큰 것을 보여주시겠어요? — **Có thể cho tôi xem cỡ lớn hơn không?**
  꺼 테 쩌 또이 샘 거 런 헌 콩
- 이 제품으로 다른 치수는 없어요? — **Có các kích cỡ khác nhau của cái này không?**
  꺼 각 끽거 칵 냐우 꿔 까이 나이 콩

물건을 사지 않고 나올 때

- 좀 더 둘러보고 올게요. **Tôi sẽ đi xem thêm một chút nữa.** 또이 새 띠 샘 템 못 쭛 느아
- 다음에 다시 올게요. **Tôi sẽ quay lại sau.** 또이 새 꽈이 라이 싸우
- 제가 찾던 것이 아니에요. **Đấy không phải thứ tôi tìm.** 떠이 콩 파이 트 또이 띰
- 미안합니다만 마음에 들지 않아요. **Xin lỗi nhưng tôi không thích nó.** 신 로이 능 또이 콩 틱 너

품질에 대해 물을 때

- 이것은 수제품인가요? **Cái này có phải hàng thủ công không?** 까이 나이 꺼 파이 항 투 꽁 콩
- 품질은 좋은가요? **Cái này chất lượng có tốt không?** 까이 나이 쩟 르엉 꺼 똣 콩
- 품질이 나쁘네요. **Chất lượng kém quá.** 쩟 르엉 깸 과
- 재질은 무엇인가요? **Cái này làm bằng chất liệu gì?** 까이 나이 람 방 쩟 리에우 지

가격을 물을 때

- 얼마예요? **Bao nhiêu tiền?** 바오니에우 띠엔
- 그거 얼마예요? **Cái này bao nhiêu tiền?** 까이 나이 바오 니에우 띠엔
- 몇 퍼센트 할인해요? **Cái này giảm giá bao nhiêu phần trăm?** 까이 나이 잠 쟈 바오 니에우 판 짬
- 세일은 언제부터 하나요? **Đợt bán hạ giá bắt đầu từ khi nào?** 떳 반 하 쟈 밧 떠우 뜨 키 나우

Unit 8 공공기관에서 Ở cơ quan công cộng

공공기관에서 쓰는 표현 Best 3

- 배가 아파요. — **Tôi bị đau bụng.**
  또이 비 따우 붕
- 여기에서 환전할 수 있나요? — **Tôi có thể đổi tiền ở đây không?**
  또이 꺼 테 또이 띠엔 어 떠이 콩
- 보통 우편으로 보내주세요. — **Tôi muốn gửi thông thường.**
  또이 뭔 그이 통 트엉

기본단어

한국어	Tiếng Việt	한국어	Tiếng Việt
소포	**bưu kiện** 브우 끼엔	우표	**tem** 땜
우체통	**hộp thư** 홉 트	우편 요금	**cước phí** 끄억 피
보통 우편	**gửi thông thường** 그이 통 트엉	지폐	**tiền giấy** 띠엔 쩌이
동전	**tiền xu** 띠엔 수	신용카드	**thẻ tín dụng** 태 띤 즁
신분증	**Giấy tờ tùy thân** 짜이 떠 뚜이 탄	환율	**tỉ giá** 띠 쟈
환전 수수료	**phí** 피	현금 자동 지급기	**Máy ATM** 마이 아데엠
입금하다	**nộp tiền** 놉 띠엔	출금하다	**rút tiền** 룻 띠엔
서명	**chữ ký** 쯔 끼	잔고	**số dư** 소 즈

공공기관에서 많이 쓰는 핵심표현

우체국을 찾을 때

- 우체국은 어디에 있나요? — **Bưu điện ở đâu?** 브우 띠엔 어 떠우
- 우표는 어디서 사나요? — **Tôi có thể mua tem ở đâu?** 또이 꺼 테 뭐 땜 어 떠우
- 우체통은 어디에 있나요? — **Hộp thư ở đâu?** 홉 트 어 떠우

편지를 보낼 때

- 우표를 사고 싶은데요. — **Tôi muốn mua tem thư.** 또이 뭔 뭐 땜 트
- 이거 우편요금이 얼마예요? — **Cước phí gửi thư này là bao nhiêu?** 뜨억 피 그이 트 나이 라 바오 니에우
- 보통 우편으로 보내주세요. — **Tôi muốn gửi thông thường.** 또이 뭔 그이 통 트엉

소포를 보낼 때

- 이 소포를 한국에 보내고 싶어요. — **Tôi muốn gửi bưu kiện này tới Hàn Quốc.** 또이 뭔 그이 브우 끼엔 나이 떠이 한 꿕
- 이것을 보내는 데 얼마예요? — **Cước phí gửi là bao nhiêu?** 끄억 피 그이 라 바오 니에우
- 소포용 박스가 있어요? — **Ở đây có hộp để gửi bưu kiện không?** 어떠이 꺼 홉 떼 그이 브우 끼엔 콩

은행에서

- 통장을 만들고 싶어요. — **Tôi muốn mở tài khoản.**
  또이 뭔 머 따이 콴

- 현금카드를 만들어주세요. — **Tôi muốn mở thẻ tiền mặt.**
  또이 뭔 머 태 띠엔 맛
- 입금하려고요. — **Tôi muốn nộp tiền.**
  또이 뭔 놉 띠엔
- 계좌 이체를 하고 싶습니다. — **Tôi muốn chuyển khoản.**
  또이 뭔 쭈이엔 콴
- 백 달러를 찾고 싶어요. — **Tôi muốn rút 100 đô la.**
  또이 뭔 룻 못짬 똘라

환전할 때

- 여기에서 환전할 수 있나요? — **Tôi có thể đổi tiền ở đây được không?**
  또이 꺼 테 또이 띠엔 어 떠이 뜨억 콩

- 어디에서 환전하나요? — **Tôi có thể đổi tiền ở đâu?**
  또이 꺼 테 또이 띠엔 어 떠우
- 원화를 미국 달러로 바꾸고 싶어요. — **Tôi muốn đổi tiền won Hàn Quốc sang đô la Mỹ.**
  또이 뭔 또이 띠엔 원 한 꿕 쌍 똘라 미
- 오늘 환율은 어떻게 되죠? — **Tỉ giá hôm nay là bao nhiêu?**
  띠 쟈 홈 나이 라 바오 니에우

카드에 문제가 있을 때

- 카드를 분실했어요. — **Tôi bị mất thẻ.**
  또이 비 멋 태

- 카드를 정지해 주시겠어요? — **Có thể khóa thẻ giúp tôi không?**
  꺼 테 콰 태 쥽 또이 콩
- 현금자동인출기에서 카드가 안 빠져요. — **Máy ATM không nhả thẻ.**
  마이 아데엠 콩 냐 태

도서관에서

- 무엇을 도와 드릴까요? — **Tôi có thể giúp gì được anh?**
  또이 꺼 테 쥽 지 뜨억 아잉

- 모비 딕을 찾고 있어요. — **Tôi đang tìm Moby Dick.**
  또이 당 띰 모비 딕
- 이 책이 있는지 확인해 주세요. — **Có thể tìm giúp tôi cuốn sách này không.**
  꺼 테 띰 쥽 또이 권 사익 나이 콩
- 책을 빌리려면 회원카드가 필요해요? — **Tôi có cần thẻ hội viên để mượn sách không?**
  또이 꺼 껀 태 호이 비엔 떼 므언 사익 콩
- 도서관 회원카드가 없어요. — **Tôi không có thẻ hội viên thư viện.**
  또이 콩 꺼 태 호이 비엔 트 비엔

병원에서

- 진찰을 받고 싶어요. — **Tôi muốn được khám bệnh.**
  또이 뭔 뜨억 캄 베잉

- 배가 아파요. — **Tôi bị đau bụng.**
  또이 비 따우 붕
- 어디가 아프세요? — **Anh đau ở đâu?**
  아잉 따우 어 떠우
- 언제쯤 결과를 알 수 있어요? — **Khi nào tôi có thể nhận kết quả?**
  키 나오 또이 꺼 테 년 껫 과
- 입원해야 해요? — **Tôi có phải nhập viện không?**
  또이 꺼 파이 녑 비엔 콩

미용실에서

- 파마를 하고 싶어요. — **Tôi muốn làm xoăn.**
  또이 뭔 람 쏸

- 다듬기만 해 주세요. — **Chỉ cần tỉa bớt tóc thôi.**
  찌 껀 띠아 벗 떡 토이
- 헤어스타일을 바꾸고 싶어요. — **Tôi muốn đổi kiểu tóc.**
  또이 뭔 또이 끼에우 떡

Unit 9 문제가 생겼을 때 Khi có vấn đề xảy ra

문제가 생겼을 때 쓰는 표현 Best 3

- 좀 더 천천히 말씀해 주세요. **Làm ơn nói chậm một chút.**
  람 언 너이 짬 못 쭛
- 긴급 상황입니다. **Đây là trường hợp khẩn cấp.**
  떠이 라 쯔엉 헙 컨 깝
- 구급차를 불러주세요. **Làm ơn gọi xe cấp cứu.**
  람 언 거이 새 껍 끄우

기본단어

응급 상황	**khẩn cấp** 컨 깝	화장실	**nhà vệ sinh** 냐 베 싱
병원	**bệnh viện** 베잉 비엔	약국	**hiệu thuốc** 히에우 툭
경찰서	**đồn cảnh sát** 똔 까잉 삿	통역사	**người phiên dịch** 응어이 피엔 직
소매치기	**móc túi** 먹 뚜이	도둑	**ăn trộm** 안 쫌
두통	**đau đầu** 따우 따우	치통	**đau răng** 따우 랑
복통	**đau bụng** 따우 붕	고통	**đau** 따우
데다	**bỏng** 봉	삐다	**trẹo xương** 째우 스엉
부러지다	**gãy xương** 가이 스엉	처방전	**đơn thuốc** 던 툭

문제가 생겼을 때 많이 쓰는 핵심표현

의사소통이 되지 않을 때

- 영어를 할 줄 몰라요. **Tôi không nói được tiếng Anh.**
  또이 콩 너이 뜨억 띠엥 아잉
- 영어를 잘 못해요. **Tiếng Anh của tôi không tốt.**
  띠엥 아잉 꿔 또이 콩 똣
- 영어로 설명할 수 없어요. **Tôi không thể giải thích được bằng tiếng Anh.**
  또이 콩 테 짜이 틱 뜨억 방 띠엥 아잉
- 좀 더 천천히 말씀해 주세요. **Làm ơn nói chậm một chút.**
  람 언 너이 짬 못 쭛

통역을 부탁할 때

- 한국어 하는 사람 있나요? **Ở đây có ai nói tiếng Hàn Quốc không?**
  어 떠이 꺼 아니 너이 띠엥 한 꿕 콩
- 한국인 통역사를 불러주세요. **Hãy tìm phiên dịch người Hàn Quốc cho tôi.**
  하이 띰 피엔 직 응어이 한 꿕 쩌 또이
- 한국인 통역사를 불러주시겠어요? **Có thể tìm giúp tôi phiên dịch người Hàn Quốc không?**
  꺼 테 띰 쥽 또이 피엔 직 응어이 한 꿕콩

곤경에 처했을 때

- 어떻게 하면 좋죠? **Tôi phải làm gì đây?**
  또이 파이 람 지 떠이
- 심각한 문제가 생겼어요. **Chúng tôi đang gặp vấn đề nghiêm trọng.**
  쭝또이 땅 갑 반 떼 응이엠 쩡
- 지금 곤경에 처했어요. **Tôi đang gặp rắc rối lớn.**
  또이 땅 갑 락 로이 런

분실했을 때

- 유실물 센터는 어디인가요? — **Trung tâm đồ thất lạc ở đâu?**
  쭝 땀 도 탓 락 어 떠우

- 아무리 찾아도 없어요. — **Tôi không thể tìm thấy nó.**
  또이 콩 테 띰 터이 너
- 어디서 잃어버렸는지 모르겠어요. — **Tôi không biết đã làm mất ở đâu.**
  또이 콩 삐엣 따 람 맛 어 떠우
- 무엇을 잃어 버렸나요? — **Anh bị mất gì?**
  아잉 삐 맛 지

상황이 위급할 때

- 도와주세요! — **Làm ơn giúp tôi!**
  람 언 쯉 또이

- 누구 없어요? — **Có ai ở đó không?**
  꺼 아이 어 떠 콩
- 경찰을 불러주세요. — **Làm ơn gọi cảnh sát.**
  람 언 거이 까잉 삿
- 알았으니 해치지 마세요. — **Tôi biết rồi nên đừng làm hại tôi.**
  또이 비엣 로이 넨 뜽 람 하이 또이

경찰서에서

- 도난 신고를 하고 싶어요. — **Tôi muốn báo mất trộm.**
  또이 뭔 바오 맛 쫌

- 제 여권을 도난당했어요. — **Hộ chiếu của tôi đã bị đánh cắp.**
  호 찌에우 꿔 또이 따 비 따잉 껍
- 지금 한국 대사관으로 연락해 주세요. — **Làm ơn liên hệ với đại sứ quán Hàn Quốc.**
  람 언 리엔 헤 버이 따이 스 관 한 꿕
- 찾으면 한국으로 보내주세요. — **Nếu tìm được làm ơn gửi về Hàn Quốc giúp tôi.**
  네우 띰 뜨억 람언 그이 베 한 꿕 쯉 또이

사고를 당했을 때

- 의사를 불러주세요. **Làm ơn gọi bác sỹ giúp tôi.** 람 언 거이 박시 쯥 또이

- 진료를 받고 싶은데요. **Tôi muốn được điều trị.** 또이 뭔 뜨억 뜨에우 찌
- 제 친구가 교통 사고를 당했어요. **Bạn tôi bị tai nạn giao thông.** 반 또이 삐 따이 난 쨔오 통
- 친구가 차에 치었어요. **Bạn tôi bị ô tô đâm.** 반 또이 삐 오 또 땀
- 그를 병원으로 데려가 주시겠어요? **Có thể đưa cậu ấy vào bệnh viện giúp tôi không?** 꺼 테 뜨아 꺼우 어이 바오 베잉 비엔 쯥 또이 콩

몸이 좋지 않을 때

- 몸이 아파요. **Tôi bị ốm.** 또이 삐 옴

- 멀미가 나요. **Tôi bị say xe.** 또이 비 싸이 새
- 몸이 좋지 않아요. **Tôi cảm thấy không khỏe.** 또이 깜 터이 콩 쾌
- 몸 상태가 이상해요. **Cơ thể tôi có gì đó không ổn.** 꺼 테 또이 꺼 지 더 콩 온

약국에서

- 처방전이 있어요? **Anh có đơn thuốc không?** 아잉 꺼 던 퇵 콩

- 이 처방전 약을 주세요. **Cho tôi thuốc theo đơn này.** 쩌 또이 퇵 태오 던 나이
- 이 약의 복용법을 알려주세요. **Thuốc này uống như thế nào.** 나이 웡 느 테 나오
- 부작용이 있나요? **Có tác dụng phụ không?** 꺼 딱 중 푸 콩

Unit 10 귀국할 때 Khi về nước

귀국할 때 쓰는 표현 Best 3

- 인천행을 예약하고 싶어요. **Tôi muốn đặt vé máy bay đi Incheon.**
  또이 뭔 땃 배 마이 바이 띠 인천
- 예약을 확인하고 싶어요. **Tôi muốn xác nhận đặt chỗ.**
  또이 뭔 삭 냔 떳 쪼
- 예약을 변경하고 싶어요. **Tôi muốn thay đổi đặt chỗ.**
  또이 뭔 타이 또이 떳 쪼

기본단어

예약하다	**đặt chỗ** 떳 쪼	탑승객	**hành khách** 하잉 카익
확인하다	**xác nhận** 삭 냔	재확인하다	**xác nhận lại** 삭 냔 라이
취소하다	**hủy** 휘	대한항공 카운터	**quầy Korean Air** 꿔이 코래안 애어
면세점	**cửa hàng miễn thuế** 끄아항 미엔 퉤	면세	**miễn thuế** 미엔 퉤
탑승권	**thẻ lên máy bay** 태 랜 마이 바이	수하물	**hành lý** 하잉 리
기내 휴대용 가방	**hành lý xách tay** 하잉 리 사익 따이	수하물을 부치다	**ký gửi hành lý** 끼 그이 하잉 리
입국 신고서	**tờ khai nhập cảnh** 떠 카이 느압 까잉	신고하다	**khai báo** 카이 바오
세관 신고서	**tờ khai hải quan** 떠 카이 하이 관	무게 제한	**giới hạn trọng lượng** 쩌이 한 쫑 르엉

귀국할 때 많이 쓰는 핵심표현

귀국편을 예약할 때

- 인천행을 예약하고 싶어요. **Tôi muốn đặt vé máy bay đi Incheon.**
  또이 뭔 떳 배 마이 바이 띠 인천

- 7월 16일 인천행 항공편이 있나요? **Có vé đi Incheon ngày 16 tháng 7 không?**
  꺼 배 띠 인천 응아이 므어이 사우 탕 바이 콩

- 대기자 명단에 올려주세요. **Có thể cho tôi vào danh sách chờ không.**
  꺼 테 쩌 또이 바오 자잉 사익 쩌 콩

예약을 확인할 때

- 예약을 확인하고 싶어요. **Tôi muốn xác nhận đặt chỗ.**
  또이 뭔 삭 냔 떳 쪼

- 한국에서 예약했어요. **Tôi đã đặt vé ở Hàn Quốc.**
  또이 따 떳 배 어 한 꿕

- 예약이 확인됐습니다. **Đặt chỗ của quý khách đã được xác nhận.**
  떳 쪼 꿔 귀 카익 따 뜨억 삭 냔

예약을 변경할 때

- 예약을 변경하고 싶어요. **Tôi muốn thay đổi đặt chỗ.**
  또이 뭔 타이 또이 떳쪼

- 금연석으로 바꿀 수 있나요? **Tôi có thể đổi sang khu vực cấm hút thuốc không?**
  또이 꺼 테 또이 쌍 쿠 븍 껌 훗 톽 콩

- 7월 1일로 바꿔주세요. **Làm ơn đổi cho tôi sang ngày 1 tháng 7.**
  람언 또이 쩌또이 쌍 응아이 못 탕 바이

예약을 취소할 때

- 예약을 취소해 주세요. **Làm ơn hủy đặt chỗ giúp tôi.**
  람 언 휘 떳 쪼 쥽 또이

- 예약을 취소하고 싶어요. **Tôi muốn hủy đặt chỗ.**
  또이 뭔 휘 떳 쪼
- 예약을 취소할 수 있나요? **Tôi có thể hủy đặt vé được không?**
  또이 꺼 테 휘 떳 배 뜨억 콩
- 죄송하지만 예약을 취소해야겠습니다. **Xin lỗi nhưng tôi phải hủy vé.**
  신 로이 능 또이 파이 휘 배

공항으로 갈 때

- 히스로 공항으로 가 주세요. **Cho tôi tới sân bay Heathrow.**
  쩌 또이 떠이 싼 바이 히스로

- 빨리 가 주세요. 늦었어요. **Làm ơn đi nhanh một chút, tôi muộn giờ rồi.**
  람 언 띠 냐잉 못 쭛, 또이 뭔 저 로이
- 공항까지 얼마나 걸릴까요? **Tới sân bay đi mất bao lâu?**
  떠이 싼 바이 띠 멋 바우 러우
- 공항까지 택시 요금이 얼마인가요? **Giá taxi tới sân bay là bao nhiêu?**
  짜 딱시 떠이 싼 바이 라 바오 니에우

탑승 수속을 할 때

- 탑승 수속은 어디서 하나요? **Làm thủ tục lên máy bay ở đâu?**
  람 투뚝 렌 마이 바이 어 떠우

- 짐을 여기에 놓아도 되나요? **Tôi có thể để hành lý ở đây không?**
  또이 꺼 테 때 하잉 리 어 떠이 콩
- 창가쪽으로 주세요. **Cho tôi chỗ ngồi cạnh cửa sổ.**
  쩌 또이 쪼 응오이 까잉 끄아 쏘
- 친구와 같은 좌석으로 주세요. **Cho tôi chỗ ngồi cạnh bạn tôi.**
  쪼 또이 쪼 응오이 까잉 반 또이

수하물을 접수할 때

- 맡길 짐이 있나요? **Quý khách có hành lý ký gửi không?**
  귀 카익 꺼 하잉 리 끼 그이 콩

- 가방을 맡길게요. **Tôi sẽ gửi hành lý.**
  또이 새 그이 하잉 리
- 이것은 기내에 가지고 들어가도 되나요? **Tôi có thể mang cái này lên máy bay không?**
  또이 꺼 테 망 까이 나이 렌 마이 바이 콩
- 무게 제한이 얼마인가요? **Trọng lượng tối đa là bao nhiêu?**
  쫑 르엉 또이 따 라 바오 니에우

공항 면세점에서

- 면세점은 어디 있나요? **Cửa hàng miễn thuế ở đâu?**
  끄아 항 미엔 퉤 어 떠우

- 한국 돈 받으시나요? **Ở đây có nhận tiền won Hàn Quốc không?**
  어 떠이 꺼 냔 띠엔 원 한 꿕 콩
- 미국 달러만 받습니다. **Chúng tôi chỉ nhận đô la Mỹ.**
  쭝 또이 찌 냔 돌라 미
- 한국에 가지고 들어갈 수 있나요? **Tôi có thể mang cái này về Hàn Quốc không?**
  또이 꺼 테 망 까이 나이 베 한 꿕 콩

귀국편 기내에서

- 식사는 언제 나와요? **Khi nào thì bữa ăn được phục vụ?**
  키 나오 티 브아 안 뜨억 푹 부

- 기내 면세품을 사고 싶어요. **Tôi muốn mua hàng miễn thuế trên máy bay.**
  또이 원 무아 항 미엔 퉤 쩬 마이 바이
- 입국카드 작성법을 알려주세요. **Làm ơn hướng dẫn tôi cách điền tờ khai nhập cảnh.**
  람 언 흐엉 잔 또이 까익 띠엔 떠 카이 냡 까잉
- 인천에 제 시간에 도착하나요? **Chuyến bay có hạ cánh đúng giờ ở Incheon không?**
  주옌 바이 꺼 하 까잉 뚱 저 어 인천 콩

PHILIPPINES
-ENGLISH-

THAILAND

VIETNAM

LAOS

CAMBODIA

LAOS

Unit 1 기내에서 ເວລາຢູ່ໃນຍົນ

기내에서 쓰는 표현 Best 3

- 제 좌석은 어디죠?
  ບ່ອນນັ່ງຂອງຂ້ອຍຢູ່ໃສ?
  번 낭 컹 커이 유 사이
- 닭고기 주세요.
  ກະລຸນາ ເອົາຊີ້ນໄກ່ໃຫ້ແນ່.
  까 루 나 아오 씬 까이 하이 내
- 담요 한 장 주시겠어요?
  ຂ້ອຍຂໍຜ້າຫົ່ມໜຶ່ງຜືນໄດ້ບໍ່?
  커이 커 파 홈 능 픈 다이 버

기본단어

여권	ໜັງສືຜ່ານແດນ 낭 스 판 댄	탑승권	ປີ້ຂຶ້ນຍົນ 삐 큰 논
비자	ວີຊາ 비 사	1등석	ຊັ້ນພິເສດ 산 피 셋
비즈니스석	ຊັ້ນທຸລະກິດ 산 투 라 낏	일반석	ຊັ້ນປະຫຍັດ 산 빠 냣
기장	ກັບຕັນ 깝 단	창가 쪽 좌석	ບ່ອນນັ່ງຕິດປ່ອງຢ້ຽມ 번 낭 띳 뻥 니암
통로 쪽 좌석	ບ່ອນນັ່ງຕິດທາງຍ່າງ 번 낭 띳 탕 냥	식사 테이블	ໂຕະທາງໜ້າບ່ອນນັ່ງ 또 탕 나 번 낭
기내 화장실	ຫ້ອງນ້ຳ 헝 남	비어 있음	ຫວ່າງ 방
사용 중	ບໍ່ຫວ່າງ 버 방	입국카드	ບັດຜ່ານເຂົ້າເມືອງ 밧 판 카오 므앙
담요	ຜ້າຫົ່ມ 파 홈	헤드폰	ຊຸດຫູຟັງ 숫 후 팡

기내에서 많이 쓰는 핵심표현

자리를 찾을 때

- 제 좌석은 어디죠? — ບ່ອນນັ່ງຂອງຂ້ອຍຢູ່ໃສ?
  번 낭 컹 커이 유 사이
- 33A는 어디예요? — ບ່ອນນັ່ງ 33A ຢູ່ໃສ?
  번 낭 33A 유 사이
- 제 자리 찾는 것을 도와주시겠어요? — ກະລຸນາຊ່ວຍຊອກບ່ອນນັ່ງຂອງຂ້ອຍໃຫ້ແນ່ໄດ້ບໍ່?
  까 루 나 수아이 석 번 낭 컹 커이 하이 내 다이 버

자리를 바꾸고 싶을 때

- 친구랑 제 좌석이 떨어져 있어요. — ຂ້ອຍ ແລະ ໝູ່ຂອງຂ້ອຍບໍ່ໄດ້ນັ່ງຕິດກັນ.
  커이 래 무 컹 커이 버 다이 낭 띳 깐
- 좌석을 바꿀 수 있을까요? — ສາມາດປ່ຽນບ່ອນນັ່ງໄດ້ບໍ່?
  사 맛 삐엔 번 낭 다이 버
- 제 자리와 바꿀 수 있을까요? — ກະລຸນາປ່ຽນບ່ອນນັ່ງກັບຂ້ອຍໄດ້ບໍ່?
  까 루 나 삐엔 번 낭 깝 커이 다이 버

좌석이 불편할 때

- 좌석을 뒤로 눕혀도 될까요? — ຂ້ອຍຂໍປັບບ່ອນນັ່ງໄປທາງຫລັງໄດ້ບໍ່?
  커이 커 빱 번 낭 빠이 탕 랑 다이 버
- 좌석을 차지 말아주세요. — ກະລຸນາຢຸດເຕະບ່ອນນັ່ງໄດ້ບໍ່.
  까 루 나 윳 떼 번 낭 다이 버
- 좌석을 앞으로 좀 당겨주시겠어요? — ລົບກວນຊ່ວຍປັບລະດັບບ່ອນນັ່ງໄປທາງໜ້າໜ້ອຍໜຶ່ງໄດ້ບໍ່?
  롭 꾸안 수아이 빱 라 답 번 낭 빠이 탕 나 너이 능 다이 버

식사를 주문할 때

- 닭고기 주세요. ກະລຸນາ ເອົາຊີ້ນໄກ່ໃຫ້ແນ່.
  까 루 나 아오 씬 까이 하이 내
- 소고기 주세요. ກະລຸນາ ເອົາຊີ້ນງົວໃຫ້ແນ່.
  까 루 나 아오 씬 응우아 하이 내
- 고추장 있어요? ມີໝາກເຜັດຜົງບໍ່?
  미 막 펫 퐁 버
- 이것으로 부탁합니다. ຂ້ອຍຈະເອົາອັນນີ້.
  커이 짜 아오 안 니

음료를 주문할 때

- 오렌지 주스 있어요? ມີນ້ຳໝາກກ້ຽງບໍ່?
  미 남 막 끼앙 버
- 커피 좀 주세요. ກະລຸນາ ເອົາກາເຟໃຫ້ຂ້ອຍໄດ້ບ.
  까 루 나 아오 까 페 하이 커이 다이 버
- 시원하게 마실 것을 주시겠어요? ຂ້ອຍຂໍເຄື່ອງດື່ມເຢັນໆແນ່ໄດ້ບໍ່?
  커이 커 크앙 듬 옌옌 내 다이 버
- 물 한 잔 주세요. ກະລຸນາ ເອົານ້ຳໃຫ້ຂ້ອຍແນ່.
  까 루 나 아오 남 하이 커이 내

화장실에 가고 싶을 때

- 실례지만, 화장실이 어디 있어요? ຂໍໂທດເດີ້, ຫ້ອງນ້ຳຢູ່ໃສ?
  커 톳 더으, 헝 남 유 사이
- 지금 화장실에 가도 될까요? ຂ້ອຍສາມາດໄປຫ້ອງນ້ຳຕອນນີ້ໄດ້ບໍ່?
  커이 사 맛 빠이 헝 남 떤 니 다이 버
- 화장실에 휴지가 없어요. ເຈ້ຍອະນາໄມຢູ່ຫ້ອງນ້ຳໝົດແລ້ວ.
  찌아 아 나 마이 유 헝 남 못 래우
- 화장실이 어디예요? ຂ້ອຍສາມາດລ້າງມືໄດ້ຢູ່ໃສ?
  커이 사 맛 랑 므 다이 유 사이

필요한 물건을 달라고 할 때

- 담요 한 장 주시겠어요?
  ຂ້ອຍຂໍຜ້າຫົ່ມໜຶ່ງຜືນໄດ້ບໍ່?
  커이 커 파 홈 능 픈 다이 버

- 읽을 것 좀 주시겠어요?
  ມີຫຍັງພໍໃຫ້ຂ້ອຍອ່ານບໍ່?
  미 냥 퍼 하이 커이 안 버
- 수면용 안대를 가져다 주실 수 있나요?
  ຂ້ອຍຂໍຜ້າປິດຕາຕອນນອນໄດ້ບໍ່?
  커이 커 파 뻿 따 떤 넌 다이 버
- 한국어 신문이 있나요?
  ເຈົ້າມີຫນັງສືພິມເກົາຫລີບໍ່?
  짜오 미 낭 스 핌 까오 리 버

도착에 관해서 물을 때

- 예정대로 도착하나요?
  ຍົນລົງຕາມເວລາທີ່ກຳນົດບໍ່?
  논 롱 땀 베 라 티 깜 놋 버

- 런던은 몇 시에 도착하나요?
  ພວກເຮົາຈະໄປຮອດລອນດອນຕອນຈັກໂມງ?
  푸악 하오 짜 빠이 헛 런 던 떤 짝 몽
- 얼마나 지연될까요?
  ຖ້ຽວບິນຖືກເລື່ອນເວລາລົງດົນປານໃດ?
  티오 빈 툭 르안 베 라 롱 돈 빤 다이
- 도착 시간은 언제인가요?
  ຖ້ຽວບິນຈະໄປຮອດຕອນໃດ?
  티오 빈 짜 빠이 헛 떤 다이

입국 신고서 작성할 때

- 서류 작성법을 가르쳐주시겠어요?
  ຊ່ວຍບອກວິທີຂຽນແບບຟອມໃຫ້ຂ້ອຍແນ່ໄດ້ບໍ່?
  수아이 벅 비 티 키엔 뱁 펌 하이 커이 내 다이 버

- 여기에는 무엇을 쓰는 건가요?
  ບ່ອນນີ້ຂ້ອຍຕ້ອງຕື່ມຫຍັງ?
  번 니 커이 떵 뜸 냥
- 제 입국 신고서를 봐주시겠어요?
  ເຈົ້າຊ່ວຍກວດເບິ່ງໃບແຈ້ງເຂົ້າເມືອງຂອງຂ້ອຍແນ່ໄດ້ບໍ່?
  짜오 수아이 꾸앗 버응 바이 쨍 카오 므앙 컹 커이 내 다이 버
- 입국 신고서 작성을 도와주세요.
  ກະລຸນາຊ່ວຍຂ້ອຍຂຽນໃບແຈ້ງເຂົ້າເມືອງແນ່.
  까 루 나 수아이 커이 키엔 바이 쨍 카오 므앙 내

Unit 2 공항에서 ເວລາຢູ່ສະໜາມບິນ

공항에서 쓰는 표현 Best 3

- 어디에서 오셨나요?
  ເຈົ້າມາຈາກປະເທດໃດ?
  짜오 마 짝 빠 텟 다이
- 직업이 무엇인가요?
  ເຈົ້າເຮັດວຽກຫຍັງ?
  짜오 헷 비악 냥
- 방문 목적이 무엇인가요?
  ຈຸດປະສົງຂອງການມາຢ້ຽມຢາມຄັ້ງນີ້ແມ່ນຫຍັງ?
  쭛 빠 송 컹 깐 마 니얌 냠 캉 니 맨 냥

기본단어

한국어	라오어	발음
항공사	ສາຍການບິນ	사이 깐 빈
출발	ຂາອອກ	카 억
도착	ຂາເຂົ້າ	카 카오
환승하다	ປ່ຽນສາຍ	삐안 사이
보안 검색	ການກວດສອບວັດຖຸອັນຕະລາຍ	깐 꾸앗 섭 밧 투 안 따 라이
수하물 찾는 곳	ບ່ອນຮັບກະເປົາເດີນທາງ	번 합 까 빠오 더은 탕
탑승 수속대	ຈຸດບໍລິການເຊັກອິນ	버 리 깐 첵 인
탑승 대기실	ຫ້ອງຮັບຮອງຜູ້ໂດຍສານຂາອອກ	헝 합 헝 푸 도이 산 카 억
탑승구	ປະຕູອອກເດີນທາງ	빠 뚜 억 더은 탕
입국 심사	ດ່ານກວດຄົນເຂົ້າເມືອງ	단 꾸앗 콘 카오 므앙
세관	ດ່ານກວດພາສີ	단 꾸앗 파 시
무관세	ຮ້ານຄ້າປອດພາສີ	한 카 뻣 파 시
신고하다	ການແຈ້ງເສຍພາສີ	깐 쨍 시아 파 시
목적지	ຈຸດໝາຍປາຍທາງ	쭛 마이 빠이 탕
유실물 취급소	ຈຸດແຈ້ງເຄື່ອງຫາຍ	쭛 쨍 크앙 하이
환전	ບ່ອນແລກປ່ຽນເງິນຕາ	번 랙 삐안 응언 따

공항에서 많이 쓰는 핵심표현

탑승에 대해 물을 때

- 몇 시에 탑승 시작하나요? ຈັກໂມງຈຶ່ງຈະເປີດໃຫ້ຂຶ້ນຍົນໄດ້?
  짝 몽 쯩 짜 뻐읏 하이 큰 뇬 다이
- 몇 번 게이트로 가야 하나요? ຕ້ອງໄປປະຕູຂຶ້ນຍົນໝາຍເລກຫຍັງ?
  떵 빠이 빠 뚜 큰 뇬 마이 렉 냥
- 이거 기내에 가지고 탑승해도 되나요? ຂ້ອຍສາມາດນຳເຄື່ອງນີ້ຂຶ້ນຍົນໄດ້ບໍ່?
  커이 사 맛 남 크앙 니 큰 뇬 다이 버

직업을 물어볼 때

- 직업이 무엇인가요? ເຈົ້າເຮັດວຽກຫຍັງ?
  짜오 헷 비악 냥
- 어떤 직종이세요? ເຈົ້າປະກອບອາຊີບຫຍັງ?
  짜오 빠 껍 아 십 냥
- 무슨 일을 하시나요? ເຈົ້າເຮັດກ່ຽວກັບຫຍັງ?
  짜오 헷 끼오 깝 냥

직업을 말할 때

- 저는 사업을 해요. ຂ້ອຍແມ່ນນັກທຸລະກິດ.
  커이 맨 낙 투 라 낏
- 저는 회사원이에요. ຂ້ອຍແມ່ນພະນັກງານບໍລິສັດ.
  커이 맨 파 낙 응안 버 리 삿
- 저는 주부예요. ຂ້ອຍແມ່ນແມ່ເຮືອນ.
  커이 맨 매 흐안

입국 심사대 통과할 때

- 여권을 보여주세요. ຂ້ອຍຂໍເບິ່ງໜັງສືຜ່ານແດນຂອງເຈົ້າແນ່ໄດ້ບໍ່.
  커이 커 버응 낭 스 판 댄 컹 짜오 내 다이 버

- 어디에서 오셨나요? ເຈົ້າມາຈາກປະເທດໃດ?
  짜오 마 짝 빠 텟 다이
- 한국에서 왔어요. ຂ້ອຍມາຈາກປະເທດເກົາຫລີ.
  커이 마 짝 빠 텟 까오 리
- 방문 목적이 무엇인가요? ຈຸດປະສົງຂອງການມາຢ້ຽມຢາມຄັ້ງນີ້ແມ່ນຫຍັງ?
  쭛 빠 송 컹 깐 마 니얌 냠 캉 니 맨 냥
- 관광입니다. ສຳຫລັບທ່ອງທ່ຽວ.
  삼 랍 텅 티오
- 휴가 차 왔어요. ຂ້ອຍມາເພື່ອພັກຜ່ອນ.
  커이 마 프아 팍 펀
- 얼마나 머무실 건가요? ເຈົ້າຈະຢູ່ນີ້ດົນປານໃດ?
  짜오 짜 유 니 돈 빤 다이
- 일주일 정도요. ປະມານອາທິດໜຶ່ງ.
  빠 만 아 팃 능
- 어디에서 숙박하실 건가요? ເຈົ້າຈະໄປພັກຢູ່ບ່ອນໃດ?
  짜오 짜 빠이 팍 유 번 다이
- 힐튼 호텔에서 묵을 겁니다. ຂ້ອຍຈະໄປພັກທີ່ໂຮງແຮມຮິວຕອນ.
  커이 짜 빠이 팍 유 홍 햄 힐떤
- 돌아가는 항공권을 보여주세요. ກະລຸນາແຈ້ງປີ້ເດີນທາງກັບໃຫ້ຂ້ອຍເບິ່ງແນ່.
  까 루 나 쨍 삐 더은 탕 깝 하이 커이 버응 내

짐을 찾을 때

- 짐은 어디에서 찾나요? ຂ້ອຍສາມາດເອົາກະເປົາເດີນທາງໄດ້ຢູ່ໃສ?
  커이 사 맛 아오 까 빠오 더은 탕 다이 유 사이

- 제 수하물은 어디에서 찾을 수 있죠? ຂ້ອຍສາມາດໄປເອົາກະເປົາເດີນທາງໄດ້ຢູ່ໃສ?
  커이 사 맛 빠이 아오 까 빠오 더은 탕 다이 유 사이
- 제 짐이 보이지 않아요. ຂ້ອຍຊອກກະເປົາເດີນທາງຂອງຂ້ອຍບໍ່ເຫັນ.
  커이 석 까 빠오 더은 탕 컹 커이 버 헨
- 제 가방이 보이지 않아요. ຂ້ອຍຊອກກະເປົາຂອງຂ້ອຍບໍ່ເຫັນ.
  커이 석 까 빠오 컹 커이 버 헨

세관을 통과할 때

- 여권과 세관 신고서를 주세요. ກະລຸນາສະແດງໜັງສືຜ່ານແດນ ແລະ ໃບແຈ້ງເສຍພາສີແນ່.
  까 루 나 사 댕 낭 스 판 댄 래 바이 쨍 파 시 내

- 세관 신고서를 보여주시겠습니까? ຂ້ອຍຂໍເບິ່ງໃບແຈ້ງເສຍພາສີຂອງເຈົ້າແນ່ໄດ້ບໍ່?
  커이 커 버응 바이 쨍 시아 파 시 컹 짜오 내 다이 버
- 세관 신고할 물건이 있나요? ເຈົ້າມີເຄື່ອງທີ່ຕ້ອງເສຍພາສີບໍ່?
  짜오 미 크앙 티 떵 시아 파 시 버
- 아니 없습니다. ບໍ່, ບໍ່ມີ.
  버, 버미

환승할 때

- 저는 런던행 환승객입니다. ຂ້ອຍແມ່ນຜູ້ໂດຍສານທີ່ຈະຕໍ່ຍົນໄປລອນດອນ.
  커이 맨 푸 도이 산 티 짜 떠 뇬 빠이 런 던

- 갈아타는 곳이 어디인가요? ຈຸດປະຊາສຳພັນຕໍ່ສາຍການບິນຢູ່ໃສ?
  쭛 빠 사 삼 판 떠 사이 깐 빈 유 사이
- 경유시간은 얼마나 되나요? ໃຊ້ເວລາດົນປານໃດສຳຫລັບການພັກຕໍ່ຍົນ?
  사이 베 라 돈 빤 다이 삼 랍 깐 팍 떠 뇬
- 시드니행 환승 비행기를 놓쳤어요. ຂ້ອຍພາດການຕໍ່ຍົນໄປຊິດນີ.
  커이 팟 깐 떠 뇬 빠이 싯니

환전할 때

- 환전소는 어디인가요? ບ່ອນແລກປ່ຽນເງິນຢູ່ບ່ອນໃດ?
  번 랙 삐안 응언 유 번 다이

- 어디에서 환전하나요? ຂ້ອຍສາມາດປ່ຽນເງິນໄດ້ຢູ່ໃສ?
  커이 사 맛 삐안 응언 다이 유 사이
- 달러로 바꿔주세요. ກະລຸນາ ປ່ຽນເງິນນີ້ເປັນເງິນດອລລ້າໃຫ້ຂ້ອຍແນ່.
  까 루 나 삐안 응언 니 뺀 응언 덜라 하이 커이 내
- 환전을 하고 싶은데요. ຂ້ອຍຕ້ອງການແລກປ່ຽນເງິນຈຳນວນໜຶ່ງ.
  커이 떵 깐 랙 삐안 응언 짬 누안 능

Unit 3

숙소에서 ໃນທີ່ພັກ

숙소에서 쓰는 표현 Best 3

- 체크인하고 싶은데요. — ກະລຸນາ ເຊັກອິນໃຫ້ຂ້ອຍແນ່.
  까 루 나 첵 인 하이 커이 내
- 아침 7시에 깨워주세요. — ກະລຸນາປຸກຂ້ອຍຕອນ 7ໂມງເຊົ້າແນ່.
  까 루 나 뿍 커이 떤 7몽 사오 내
- 아침 식사 시간은 몇 시예요? — ຈັກໂມງຈຶ່ງຈະມີບໍລິການອາຫານເຊົ້າ?
  짝 몽 쯩 짜 미 버 리 깐 아 한 사오

기본단어

입실 수속	ເຊັກອິນ 첵 인	퇴실 수속	ເຊັກເອົ້າ 첵 아오
예약	ຈອງ 쩡	보증금	ຄ່າມັດຈຳ 카 맛 짬
성수기	ລະດູທີ່ເໝາະສຳຫລັບທ່ອງທ່ຽວ 라 두 티 머 삼 랍 텅 티오	비수기	ລະດູທີ່ບໍ່ເໝາະສຳຫລັບທ່ອງທ່ຽວ 라 두 티 버 머 삼 랍 텅 티오
손님	ລູກຄ້າ 룩 카	청구서	ໃບເກັບເງິນ 바이 껩 응언
봉사료	ຄ່າບໍລິການ 카 버 리 깐	세탁물	ຊັກເຄື່ອງ 삭 크앙
영수증	ໃບຮັບເງິນ 바이 합 응언	입구	ທາງເຂົ້າ 탕 카오
비상구	ທາງອອກສຸກເສີນ 탕 억 숙 서은	예약 확인서	ການຢືນຢັນ 깐 니은 냔
숙박 카드	ບັດລົງທະບຽນ 밧 롱 타 비엔	귀중품 보관소	ຕູ້ນິລະໄພ 뚜 니 라 파이

숙소에서 많이 쓰는 핵심표현

체크인을 할 때

- 체크인하고 싶은데요.
  ກະລຸນາເຊັກອິນໃຫ້ຂ້ອຍແນ່.
  까 루 나 첵 인 하이 커이 내

- 마사 강으로 예약을 했습니다.
  ຂ້ອຍໄດ້ຈອງພາຍໃຕ້ຊື່ມາຊາຄັງ.
  커이 다이 쩡 파이 따이 스 마사 캉

- 이것이 예약 확인증이에요.
  ນີ້ແມ່ນໃບສະແດງການຢືນຢັນການຈອງ.
  니 맨 바이 사 댕 깐 니은 냔 깐 쩡

룸이 마음에 들지 않을 때

- 방이 마음에 들지 않아요.
  ຂ້ອຍບໍ່ມັກຫ້ອງນີ້.
  커이 버 막 헝 니

- 방을 바꿔주세요.
  ຂ້ອຍຕ້ອງການປ່ຽນຫ້ອງພັກ.
  커이 떵 깐 뻬엔 헝 팍

- 경치가 좋은 방을 주시면 좋겠어요.
  ຂ້ອຍຕ້ອງການຫ້ອງທີ່ມີທິວທັດດີ.
  커이 떵 깐 헝 티 미 틸 탓 디

모닝 콜을 부탁할 때

- 아침 7시에 깨워주세요.
  ກະລຸນາປຸກຂ້ອຍຕອນ7ໂມງເຊົ້າແນ່.
  까 루 나 뿍 커이 떤 7 몽 사오 내

- 아침 7시에 모닝콜 해주세요.
  ຂ້ອຍຕ້ອງການໃຫ້ໂທປຸກຕອນ 7ໂມງເຊົ້າ.
  커이 떵 깐 하이 토 뿍 떤 7 몽 사오

- 아침 7시에 모닝콜을 걸어주시겠어요?
  ກະລຸນາໂທປຸກຂ້ອຍຕອນ 7ໂມງເຊົ້າໄດ້ບໍ່?
  까 루 나 토 뿍 커이 떤 7 몽 사오 다이 버

조식에 대해 문의할 때

- 아침 식사는 어디에서 하나요? ຂ້ອຍສາມາດກິນອາຫານເຊົ້າໄດ້ຢູ່ໃສ?
  커이 사 맛 낀 아 한 사오 다이 유 사이

- 아침 식사 시간은 몇 시예요? ຈັກໂມງຈຶ່ງຈະມີບໍລິການອາຫານເຊົ້າ?
  짝 몽 쯩 짜 미 버 리 깐 아 한 사오
- 아침 식사가 나오나요? ເປີດໃຫ້ບໍລິການອາຫານເຊົ້າເວລາຈັກໂມງ?
  뻐읏 하이 버 리 깐 아 한 사오 베 라 짝 몽
- 조식이 포함되어 있나요? ມັນໄດ້ລວມອາຫານເຊົ້ານຳບໍ່?
  만 다이 루암 아 한 사오 남 버

물건을 갖다 달라고 할 때

- 비누를 갖다 주세요. ກະລຸນາເອົາສະບູມາໃຫ້ຂ້ອຍແນ່.
  까 루 나 아오 사 부 마 하이 커이 내

- 타월을 더 주시겠어요? ຂ້ອຍຂໍຜ້າເຊັດໂຕເພີ່ມໄດ້ບໍ່?
  커이 커 파 셋 또 퍼음 다이 버
- 베개를 더 갖다 주세요. ກະລຸນາເອົາໝອນໃຫ້ຂ້ອຍຕື່ມແນ່.
  까 루 나 아오 먼 하이 커이 뜸 내
- 화장지를 갖다 주세요. ກະລຸນາເອົາເຈ້ຍອະນາໄມໃຫ້ຂ້ອຍແນ່.
  까 루 나 아오 찌아 아 나 마이 하이 커이 내

Wi-Fi에 대해 물을 때

- 여기 와이파이 되나요? ຂ້ອຍສາມາດເຊື່ອມຕໍ່ໄວຟາຍຢູ່ນີ້ໄດ້ບໍ່?
  커이 사 맛 쓰암 떠 와이 파이 유 니 다이 버

- 와이파이 비밀번호 뭐예요? ລະຫັດໄວຟາຍຢູ່ນີ້ແມ່ນຫຍັງ?
  라 핫 와이 파이 유 니 맨 냥
- 와이파이를 연결해 주세요. ກະລຸນາເຊື່ອມຕໍ່ໄວຟາຍໃຫ້ຂ້ອຍແນ່.
  까 루 나 쓰암 떠 와이 파이 하이 커이 내
- 무료 와이파이가 있나요? ຢູ່ນີ້ມີບໍລິການໄວຟາຍຟຣີບໍ່?
  유 니 미 버 리 깐 와이 파이 프뤼 버?

청소를 요청할 때

◎ 시트를 바꿔주세요.
ກະລຸນາ ປ່ຽນຜ້າປູບ່ອນນອນໃຫ້ແນ່.
까 루 나 뻬엔 파 뿌 번 넌 하이 내

◎ 침대를 정돈해 주세요.
ກະລຸນາຈັດຕຽງໃຫ້ແນ່.
까 루 나 짯 띠엥 하이 내

◎ 나가 있는 동안 방을 청소해 주세요.
ກະລຸນາທຳຄວາມສະອາດຫ້ອງໃນເວລາທີ່ຂ້ອຍບໍ່ຢູ່ໃຫ້ແນ່.
까 루 나 탐 쿠암 사 앗 헝 나이 베 라 티 커이 버 유 하이 내

◎ 제 방 청소가 아직 안 되었네요.
ຫ້ອງຂ້ອຍຍັງບໍ່ທັນໄດ້ທຳຄວາມສະອາດເທື່ອ.
헝 커이 냥 버 탄 다이 탐 쿠암 사 앗 트아

세탁 서비스를 받고 싶을 때

◎ 세탁 서비스가 있나요?
ຢູ່ນີ້ມີບໍລິການຊັກເຄື່ອງບໍ່?
유 니 미 버 리 깐 삭 크앙 버

◎ 제 블라우스를 세탁해 주세요.
ຂ້ອຍຕ້ອງການຊັກຊຸດຂອງຂ້ອຍໃຫ້ສະອາດ.
커이 떵 깐 삭 숫 컹 커이 하이 사 앗

◎ 언제 다 됩니까?
ຕອນໃດຈຶ່ງຈະຊັກແລ້ວ?
떤 다이 쯩 짜 삭 래우

◎ 제 세탁물은 다 되었나요?
ເຄື່ອງຂອງຂ້ອຍຊັກແລ້ວຫລືຍັງ?
크앙 컹 커이 삭 래우 르 냥

체크아웃할 때

◎ 체크아웃하려고요.
ຂ້ອຍຈະເຊັກເອົ້າ.
커이 짜 첵 아오

◎ 체크아웃하고 싶은데요.
ຂ້ອຍຕ້ອງການເຊັກເອົ້າ.
커이 떵 깐 첵 아오

◎ 몇 시에 체크아웃해야 하나요?
ຂ້ອຍຄວນຈະເຊັກເອົ້າຈັກໂມງ?
커이 쿠안 짜 첵 아오 짝 몽

◎ 체크아웃은 몇 시인가요?
ເວລາເຊັກເອົ້າແມ່ນຕອນຈັກໂມງ?
베 라 첵 아오 맨 떤 짝 몽

Unit 4 거리에서 ເວລາຢູ່ຕາມຖະໜົນ

거리에서 쓰는 표현 Best 3

- 힐튼 호텔로 가 주세요.
  ກະລຸນາ ໄປໂຮງແຮມຮິວຕອນ.
  까 루 나 빠이 홍 햄 힐떤
- 거기까지 걸어갈 수 있나요?
  ຂ້ອຍສາມາດຍ່າງຈາກນີ້ໄປໄດ້ບໍ່?
  커이 사 맛 양 짝 니 빠이 다이 버
- 박물관은 어디 있나요?
  ຫໍພິພິທະພັນຢູ່ໃສ?
  허 피 피 타 판 유 사이

기본단어

인도	ທາງຍາງ	탕 양	차도	ຖະໜົນ	타 논
길	ຫົນທາງ	혼 탕	도로 표지판	ປ້າຍຖະໜົນ	빠이 타 논
신호등	ໄຟຈາລະຈອນ	파이 짜 라 쩐	지하철 갈아타는 곳	ຈຸດປ່ຽນສາຍທາງລົດໄຟ	쭛 삐엔 사이 탕 롯 파이
매표소	ບ່ອນຈຳໜ່າຍປີ້	번 짬 나이 삐	예정대로	ຕາມຕາຕະລາງ	땀 따 따 랑
급행열차	ລົດດ່ວນ	롯 두안	편도	ເດີນທາງຖ້ຽວດຽວ	더은 탕 티오 디오
승객	ຜູ້ໂດຍສານ	푸 도이 산	왕복	ເດີນທາງໄປກັບ	더은 탕 빠이 깝
주의	ຄຳເຕືອນ	캄 뜨안	위험	ອັນຕະລາຍ	안 따 라이
주차금지	ຫ້າມຈອດ	함 쩟	주차장	ບ່ອນຈອດລົດ	번 쩟 롯

거리에서 많이 쓰는 핵심표현

길을 물을 때

- 실례합니다. 박물관에는 어떻게 가나요? ຂໍໂທດເດີ້. ຂ້ອຍຈະໄປຫໍພິພິທະພັນໄດແນວໃດ?
  커 톳 더으. 커이 짜 빠이 허 피 피 타 판 다이 내우 다이
- 그곳에 어떻게 가는지 알려주세요. ກະລຸນາບອກຂ້ອຍໄດ້ບໍ່ວ່າຈະໄປບ່ອນນັ້ນໄດ້ແນວໃດ.
  까 루 나 벅 커이 다이 버 바 짜 빠이 번 난 다이 내우 다이
- 지하철까지 이 길로 가면 되나요? ນີ້ແມ່ນທາງໄປສະຖານີລົດໄຟໃຕ້ດິນບໍ່?
  니 맨 탕 빠이 사 타 니 롯 파이 따이 딘 버

장소를 찾을 때

- 공중 화장실은 어디에 있어요? ຫ້ອງນ້ຳສາທາລະນະຢູ່ໃສ?
  헝 남 사 타 라 나 유 사이
- 박물관은 어디인가요? ຫໍພິພິທະພັນຢູ່ໃສ?
  허 피 피 타 판 유 사이
- 대형쇼핑몰은 어디인가요? ຫ້າງຊັບພະສິນຄ້າຢູ່ໃສ?
  항 삽 파 신 카 유 사이

소요 시간을 물을 때

- 여기에서 가까운가요? ມັນໃກ້ບ່ອນນີ້ບໍ່?
  만 까이 번 니 버
- 거기까지 걸어갈 수 있나요? ສາມາດຍ່າງໄປໄດ້ບໍ່?
  사 맛 양 빠이 다이 버
- 시간이 어느 정도 걸리나요? ມັນໃຊ້ເວລາດົນປານໃດ?
  만 사이 베 라 돈 빤 다이

길을 잃었을 때

- 길을 잃었어요. 도와주세요. ຂ້ອຍຫລົງທາງ. ກະລຸນາຊ່ວຍຂ້ອຍແນ່.
  커이 롱 탕. 까 루 나 수아이 커이 내

- 실례합니다. 제가 지금 있는 곳이 지도에서 어디인가요? ຂໍໂທດເດີ້. ຕອນນີ້ຂ້ອຍຢູ່ໃນຕຳແໜ່ງໃດຂອງແຜນທີ່?
  커 톳 더으. 떤 니 커이 유 나이 땀 냉 다이 컹 팬 티
- 길을 잘못 들었어요. 여기가 어디예요? ພວກເຮົາມາຜິດທາງ. ຕອນນີ້ພວກເຮົາຢູ່ໃສ?
  푸악 하오 마 핏 탕. 떤 니 푸악 하오 유 사이
- 저는 지하철을 찾고 있어요. ຂ້ອຍກຳລັງຊອກຫາສະຖານີລົດໄຟໃຕ້ດິນ.
  커이 깜 랑 석 하 사 타 니 롯 파이 따이 딘

상대방이 길을 물어볼 때

- 미안합니다. 저도 모릅니다. ຂໍໂທດຫລາຍໆ. ຂ້ອຍກໍບໍ່ຮູ້ຄືກັນ.
  커 톳 라이 라이. 커이 꺼 버 후 크 깐

- 관광객이라 저도 잘 모릅니다. ຂ້ອຍກໍເປັນນັກທ່ອງທ່ຽວເລີຍບໍ່ຮູ້ເຊັ່ນດຽວກັນ.
  커이 꺼 뻰 낙 텅 티오 러의 버 후 센 디오 깐
- 다른 사람에게 물어 보시죠. ກະລຸນາລອງຖາມຄົນອື່ນເບິ່ງເດີ້.
  까 루 나 령 탐 콘 은 버응 더으

버스를 탈 때

- 버스 정류장은 어디인가요? ບ່ອນຖ້າລົດເມຢູ່ໃສ?
  번 타 롯 메 유 사이

- 어떤 버스가 시내로 가나요? ລົດເມສາຍໃດໄປໃນເມືອງ?
  롯 메 사이 다이 빠이 나이 므앙
- 버스 시간표를 주시겠어요? ຂ້ອຍຂໍເບິ່ງຕາຕະລາງແລ່ນລົດເມໄດ້ບໍ່?
  커이 커 버응 따 따 랑 랜 롯 메 다이 버
- 이 버스 시내로 가나요? ລົດເມຄັນນີ້ໄປໃນເມືອງບໍ່?
  롯 메 칸 니 빠이 나이 므앙 버

지하철을 탈 때

- 이 근처에 지하철역이 있나요? ສະຖານີລົດໄຟໃຕ້ດິນໃກ້ແຖວນີ້ບໍ່?
  사 타 니 롯 파이 따이 딘 까이 태우 니 버
- 몇 호선이 공항 가나요? ລົດໄຟສາຍໃດໄປຮອດສະໜາມບິນ?
  롯 파이 사이 다이 빠이 헛 사 남 빈
- 자동 매표기는 어디 있나요? ຕູ້ຂາຍປີ້ຢູ່ໃສ?
  뚜 카이 삐 유 사이
- 가장 가까운 지하철역까지 거리가 얼마나 되나요? ສະຖານີລົດໄຟໃຕ້ດິນທີ່ໃກ້ທີ່ສຸດໄກຈາກນີ້ປານໃດ?
  사 타 니 롯 파이 따인 딘 티 까이 티 숫 가이 짝 니 빤 다이

지하철을 탔을 때

- 갈아타야 해요? ຂ້ອຍຕ້ອງປ່ຽນສາຍບໍ່?
  커이 떵 삐엔 사이 버
- 어디에서 갈아타야 해요? ຂ້ອຍຕ້ອງໄປປ່ຽນສາຍຢູ່ໃສ?
  커이 떵 빠이 삐엔 사이 유 사이
- 이거 시청에 가나요? ນີ້ແມ່ນສາຍທີ່ໄປຊີຕີ້ຮອລບໍ່?
  니 맨 사이 티 빠이 시띠헐 버
- 다음이 채링크로스 역인가요? ສະຖານີຕໍ່ໄປແມ່ນສະຖານີແຊຣິງຄຣອສບໍ່?
  사 타 니 떠 빠이 맨 사 타 니 채링 크러스 버

택시를 탈 때

- 택시 승강장은 어디인가요? ຈຸດບໍລິການແທັກຊີ່ຢູ່ໃສ?
  쭛 버 리 깐 택 시 유 사이
- 어디에서 택시를 탈 수 있어요? ສາມາດໄປຂຶ້ນແທັກຊີ່ໄດ້ຢູ່ໃສ?
  사 맛 빠이 큰 택 시 다이 유 사이
- 트렁크를 열어주시겠어요? ຊ່ວຍເປີດກະໂປງລົດທາງຫລັງໃຫ້ໄດ້ບໍ່?
  수아이 뻐웃 까 봉 롯 탕 랑 하이 다이 버
- 이 주소로 가 주세요. ກະລຸນາຊ່ວຍໄປສົ່ງຂ້ອຍຢູ່ບ່ອນນີ້ແນ່.
  까 루 나 수아이 빠이 송 커이 유 번 니 내

Unit 5 관광지에서 ໃນສະຖານທີ່ທ່ອງທ່ຽວ

관광지에서 쓰는 표현 Best 3

- 이 도시에서 가장 유명한 것은 무엇인가요?
  ສິ່ງທີ່ມີຊື່ສຽງທີ່ສຸດໃນເມືອງນີ້ແມ່ນຫຍັງ?
  싱 티 미 스 시엥 티 숫 나이 므앙 니 맨 냥
- 입장료는 얼마인가요?
  ຄ່າຜ່ານເຂົ້າຊົມລາຄາເທົ່າໃດ?
  카 판 카오 솜 라 카 타오 다이
- 여기에서 사진을 찍어도 되나요?
  ຂ້ອຍຂໍຖ່າຍຮູບຢູ່ນີ້ໄດ້ບໍ່?
  커이 커 타이 훕 유 니 다이 버

기본표현

여행	ການທ່ອງທ່ຽວ 깐 텅 티오	관광객	ນັກທ່ອງທ່ຽວ 낙 텅 티오
관광	ການທ່ຽວຊົມ 깐 티오 솜	시내 관광	ການທ່ຽວຊົມເມືອງ 깐 티오 솜 므앙
반나절	ເຄິ່ງມື້ 커응 므	하루	ຫມົດມື້ 못 므
당일 여행	ການທ່ອງທ່ຽວຫນຶ່ງມື້ 깐 텅 티오 능 므	추천하다	ແນະນຳ 내 남
관광 명소	ສະຖານທີ່ທ່ອງທ່ຽວ 사 탄 티 텅 티오	입장료	ຄ່າຜ່ານເຂົ້າຊົມ 카 판 카오 솜
전망대	ຫໍສັງເກດການ 허 상 껫 깐	계속되다	ຍັງຄົງຢູ່ 냥 콩 유
기념품	ຂອງທີ່ລະນຶກ 컹 티 라 늑	기념품점	ຮ້ານຂາຍຂອງທີ່ລະນຶກ 한 카이 컹 티 라 늑
줄	ຄິວ/ແຖວ 키우/태우	인상적인	ປະທັບໃຈ 빠 탑 짜이

관광지에서 많이 쓰는 핵심표현

관광 안내소에서

- 무료 지도가 있나요? ມີແຜນທີ່ຟຣີບໍ່?
  미 팬 티 프리 버
- 관광 정보가 필요합니다. ຂ້ອຍຕ້ອງການຂໍ້ມູນການທ່ອງທ່ຽວ.
  커이 떵 깐 커 문 깐 텅 티오
- 런던 시내를 관광하고 싶은데요. ຂ້ອຍຕ້ອງການທ່ຽວຊົມຕົວເມືອງລອນດອນ.
  커이 떵 깐 티오 솜 뚜어 므앙 런던

관광 정보를 수집할 때

- 이 도시에서 가장 유명한 것은 무엇인가요? ສິ່ງທີ່ມີຊື່ສຽງທີ່ສຸດໃນເມືອງນີ້ແມ່ນຫຍັງ?
  싱 티 미 스 시앙 티 숫 나이 므앙 니 맨 냥
- 갈 만한 곳을 추천해 주시겠어요? ຊ່ວຍແນະນຳສະຖານທີ່ທີ່ໜ້າສົນໃຈໃຫ້ຂອຍໄດ້ບໍ່?
  수아이 내 남 사 탄 티 티 나 손 짜이 하이 커이 다이 버
- 이 도시의 관광명소에는 어떤 것이 있나요? ສະຖານທີ່ທ່ອງທ່ຽວຂອງເມືອງນີ້ແມ່ນຫຍັງ?
  사 탄 티 텅 티오 컹 므앙 니 맨 냥

입장료를 물을 때

- 입장료는 얼마인가요? ຄ່າຜ່ານເຂົ້າຊົມລາຄາເທົ່າໃດ?
  카 판 카오 솜 라 카 타오 다이
- 한 사람당 얼마인가요? ຄ່າຜ່ານເຂົ້າຊົມຕໍ່ຄົນໜຶ່ງລາຄາເທົ່າໃດ?
  카 판 카오 솜 떠 콘 능 라 카 타오 다이
- 어른 2장, 아이 1장 주세요. ຜູ້ໃຫຍ່ 2ປີ້ ແລະ ເດັກນ້ອຍ 1ປີ້ໃຫ້ແນ່.
  퓨 야아 2삐 래 덱 너이 1삐 하이 내

투어 프로그램을 이용할 때

◎ 관광 버스 투어가 있나요? ມີລົດເມສຳຫລັບທ່ຽວຊົມເມືອງບໍ່?
미 롯 메 삼 랍 티오 솜 므앙 버

◎ 시간이 얼마나 걸리나요? ໃຊ້ເວລາດົນປານໃດ?
사이 베 라 돈 빤 다이

◎ 투어는 매일 있나요? ມີບໍລິການການທ່ອງທ່ຽວທຸກໆມື້ບໍ່?
미 버 리 깐 깐 텅 티오 툭툭 므 버

◎ 오전 투어가 있나요? ມີບໍລິການການທ່ອງທ່ຽວໃນຕອນເຊົ້າບໍ່?
미 버 리 깐 깐 텅 티오 나이 떤 사오 버

◎ 야간 관광은 있나요? ມີບໍລິການການທ່ອງທ່ຽວໃນຕອນຄ່ຳບໍ່?
미 버 리 깐 깐 텅 티오 나이 떤 캄 버

◎ 몇 시에 떠나요? ຈັກໂມງຈຶ່ງຈະອອກເດີນທາງ?
짝 몽 쯩 짜 억 더은 탕

◎ 어디에서 출발하나요? ບ່ອນເລີ່ມອອກເດີນທາງຢູ່ໃສ?
번 러음 억 더은 탕 유 사이

관광을 하면서

◎ 여기에 누가 살았었나요? ແມ່ນໃຜເຄີຍອາໄສຢູ່ນີ້?
맨 파이 커의 아 사이 유 니

◎ 언제 지어진 건가요? ມັນຖືກສ້າງຂຶ້ນໃນເມື່ອໃດ?
만 특 상 큰 나이 므아 다이

◎ 저 건물은 무엇인가요? ຕຶກນັ້ນແມ່ນຕຶກຫຍັງ?
뜩 난 맨 뜩 냥

◎ 높이는 어느 정도인가요? ມັນສູງປະມານເທົ່າໃດ?
만 숭 빠 만 타오 다이

◎ 몇 년이나 된 건가요? ມັນມີອາຍຸປະມານຈັກປີ?
만 미 아 뉴 빠 만 짝 삐

투어 버스 안에서

- 자유 시간은 있나요? ພວກເຮົາມີເວລາຫວ່າງບໍ່?
  푸악 하오 미 베 라 방 버

- 여기에서 얼마나 있나요? ດົນປານໃດທີ່ພວກເຮົາຈະຢຸດຢູ່ບ່ອນນີ້?
  돈 빤 다이 티 푸악 하오 짜 윳 유 번 니
- 몇 시에 돌아오나요? ພວກເຮົາຈະກັບໄປຕອນໃດ?
  푸악 하오 짜 깝 빠이 떤 다이
- 시간은 어느 정도 있나요? ພວກເຮົາມີເວລາດົນປານໃດ?
  푸악 하오 미 베 라 돈 빤 다이

촬영을 부탁할 때

- 사진을 찍어주시겠어요? ກະລຸນາຊ່ວຍຖ່າຍຮູບໃຫ້ພວກເຮົາໄດ້ບໍ່?
  까 루 나 수아이 타이 훕 하이 푸악 하오 다이 버

- 여기서 제 사진 좀 찍어주세요. ກະລຸນາຖ່າຍຮູບໃຫ້ຂ້ອຍຢູ່ບ່ອນນີ້ໃຫ້ແນ່.
  까 루 나 타이 훕 하이 커이 유 번 니 하이 내
- 이 버튼을 누르세요. ກະລຸນາກົດປຸ່ມນີ້.
  까 루 나 꼿 뿜 니
- 한 장 더 부탁합니다. ກະລຸນາຖ່າຍອີກຮູບໜຶ່ງ.
  까 루 나 타이 익 훕 능

촬영을 허락받을 때

- 여기에서 사진을 찍어도 되나요? ຂ້ອຍຂໍຖ່າຍຢູ່ບ່ອນນີ້ໄດ້ບໍ່?
  커이 커 타이 유 번 니 다이 버

- 플래시를 써도 되나요? ຂ້ອຍສາມາດໃຊ້ແສງແຟຣສໄດ້ບໍ່?
  커이 사 맛 사이 생 플랫 다이 버
- 비디오를 찍어도 되나요? ຂ້ອຍຂໍຖ່າຍວິດີໂອໄດ້ບໍ່?
  커이 커 타이 비 디 오 다이 버
- 당신 사진을 찍어도 되나요? ຂ້ອຍຂໍຖ່າຍຮູບເຈົ້າໄດ້ບໍ່?
  커이 커 타이 훕 짜오 다이 버

Unit 6 식당에서 ໃນຮ້ານອາຫານ

식당에서 쓰는 표현 Best 3

주문하시겠습니까?	ທ່ານຕ້ອງການສັ່ງຫຍັງບໍ່? 탄 떵 깐 상 냥 버
스테이크 2인분 주세요.	ຂໍສະເຕັກ 2ຈານແນ່. 커 사 땍 2짠 내
소금 좀 갖다 주시겠어요?	ຂໍເກືອແນ່ໄດ້ບໍ່? 커 끄아 내 다이 버

기본단어

레스토랑	ຮ້ານອາຫານ 한 아 한	주문	ສັ່ງອາຫານ 상 아 한
식사	ຄາບອາຫານ 캅 아 한	요리	ອາຫານ 아 한
접시	ຈານ 짠	젓가락	ໄມ້ຄີບທູ່ 마이 킵 투
예약석	ໂຕະຈອງ 또 쩡	봉사료	ຄາບໍລິການ 카 버 리 깐
소금	ເກືອ 끄아	설탕	ນ້ຳຕານ 남 딴
후추가루	ພິກໄທ 픽 타이	식초	ນ້ຳສົ້ມສາຍຊູ 남 솜 사이 수
매운	ເຜັດ 펫	싱거운	ຈາງ 짱
짠	ເຄັມ 켐	달콤한	ຫວານ 완

식당에서 많이 쓰는 핵심표현

식당을 찾을 때

- 식당을 찾고 있는데요. ຂ້ອຍກຳລັງຊອກຫາຮ້ານອາຫານ.
  커이 깜 랑 석 하 한 아 한

- 가장 가까운 식당은 어디인가요? ຮ້ານອາຫານທີ່ໃກ້ທີ່ສຸດຢູ່ໃສ?
  한 아 한 티 까이 티 숫 유 사이

- 이 시간에 문을 연 식당이 있나요? ມີຮ້ານອາຫານໃດທີ່ເປີດໃນເວລານີ້ບໍ່?
  미 한 아 한 다이 티 뻐읏 나이 베 리 니 버

- 가벼운 식사를 하고 싶은데요. ຂ້ອຍຕ້ອງການກິນອາຫານເບົາໆ.
  커이 떵 깐 낀 아 한 바오바오

- 근처에 한국 식당이 있나요? ມີຮ້ານອາຫານເກົາຫລີໃກ້ແຖວນີ້ບໍ່?
  미 한 아 한 까오 리 까이 태우 니 버

식당을 예약할 때

- 예약이 필요한가요? ທ່ານຕ້ອງການຈອງໂຕະບໍ່?
  탄 떵 깐 쩡 또 버?

- 오늘 저녁 7시에 세 사람 자리를 예약하고 싶습니다. ຂ້ອຍຕ້ອງການຈອງສຳຫລັບ 3ບ່ອນນັ່ງ ໃນເວລາ 7ໂມງຂອງຄືນນີ້.
  커이 떵 깐 쩡 3 번 낭 나이 베 라 7 몽 컹 큰 니

- 복장 규제가 있나요? ມີລະບຽບການແຕ່ງກາຍບໍ່?
  미 라 비엡 깐 땡 까이 버

- 총 몇 분이신가요? ງານລ້ຽງຂອງເຈົ້າຈັດໃຫຍ່ຊ່ຳໃດ?
  응안 리엥 컹 짜오 짯 냐이 삼 다이

- 금연석으로 부탁합니다. ພວກເຮົາຕ້ອງການໂຕະທີ່ຫ້າມສູບຢາ.
  푸악 하오 떵 깐 또 티 함 숩 야

- 예약을 취소하고 싶습니다. ຂ້ອຍຕ້ອງການຍົກເລີກການຈອງຂອງຂ້ອຍ.
  커이 떵 깐 욕 러읔 깐 쩡 컹 커이

주문할 때

◎ 주문하시겠어요? ທ່ານຈະສັ່ງອາຫານເລີຍບໍ່?
탄 짜 상 아 한 러의 버

◎ 이제 주문하겠어요. ຂ້ອຍຈະສັ່ງຕອນນີ້ເລີຍ.
커이 짜 상 떤 니 러의

◎ 스테이크 2인분 주세요. ຂໍສະເຕັກ 2 ຈານແນ່.
커 사 땍 2 짠 내

◎ 스테이크는 어떻게 해 드릴까요? ສຳຫລັບສະເຕັກຕ້ອງການຊີ້ນສຸກໃນລະດັບໃດ?
삼 랍 사 땍 떵 깐 신 숙 나이 라 답 다이

◎ 잘 익혀주세요. ຂໍຊີ້ນສຸກໆ.
커 신 숙 숙

◎ 어떤 음식을 추천해 주실 건가요? ໃນນີ້ມີເມນູອາຫານໃດແນະນຳເປັນພິເສດບໍ່?
나이 니 미 메 누 아 한 다이 내 남 뻰 피 셋 버

◎ 점심 특선은 무엇인가요? ອາຫານຊຸດພິເສດສຳຫລັບຕອນສວາຍແມ່ນຫຍັງ?
아 한 숫 피 셋 삼 랍 떤 수아이 맨 냥

◎ 음료는 무엇으로 하시겠습니까? ຕ້ອງການເຄື່ອງດື່ມຫຍັງບໍ່?
떵 깐 크앙 듬 냥 버

◎ 아니, 됐어요. 그냥 물만 주세요. ບໍ່, ຂອບໃຈ. ຂໍແຕ່ນ້ຳດື່ມກໍພໍແລ້ວ.
버, 컵 짜이. 커 때 남 듬 꺼 퍼 래우

◎ 디저트는 뭐가 있어요? ຂອງຫວານມີຫຍັງແນ່?
컹 완 미 냥 내

계산할 때

◎ 계산서 주세요. ກະລຸນາ ໄລ່ເງິນໃຫ້ແນ່.
까 루 나 라이 응언 하이 내

◎ 제가 살게요. ຂ້ອຍເປັນຄົນຈ່າຍ.
커이 뻰 콘 짜이

◎ 신용카드로 해도 되나요? ເຈົ້າຮັບບັດເຄຣດິດບໍ່?
짜오 합 받 크뤠딧 버

◎ 물론입니다. 여기에 서명해 주세요. ໂດຍຮັບ. ກະລຸນາເຊັນຢູ່ບ່ອນນີ້.
도이 합. 까 루 나 센 유 번 니

패스트 푸드점에서 주문할 때

◎ 햄버거와 콜라주세요. ກະລຸນາເອົາແຮັມເບີເກີ້ ແລະ ນ້ຳອັດລົມໃຫ້ແນ່.
까 루 나 아오 햄 버 꺼 래 남 앗 롬 하이 내

◎ 여기서 드시나요? 아니면 포장해 드릴까요?
ຮັບປະທານຢູ່ນີ້ ຫລື ເອົາກັບບ້ານ?
합 빠 탄 유 니 르 아오 깝 반

◎ 포장해 주세요.
ກະລຸນາຫໍ່ກັບບ້ານໃຫ້ແນ່.
까 루 나 허 깝 반 하이 내

◎ 어떤 사이즈로 하시겠습니까?
ຈະເອົາຂະໜາດໃດ?
짜 아우 카 낫 다이

◎ 중간 사이즈로 주세요.
ກະລຸນາເອົາຂະໜາດປານກາງໃຫ້ແນ່.
까 루 나 아오 카 낫 빤 깡 하이 내

◎ 리필해 주세요.
ຂ້ອຍຂໍອະນຸຍາດເຕີມອີກໄດ້ບໍ່?
커이 커 아 누 얏 떠음 익 다이 버

주문 요리에 문제가 있을 때

◎ 주문한 게 아직 안 나왔는데요. ອາຫານທີ່ສັ່ງຍັງບໍ່ທັນໄດ້ເທື່ອ.
아 한 티 상 냥 버 탄 다이 트아

◎ 얼마나 기다려야 하나요?
ຕ້ອງລໍຖ້າດົນປານໃດ?
떵 러 타 돈 빤 다이

◎ 커피 두 잔 주문했는데요.
ຂ້ອຍສັ່ງກາເຟໄປ2ຈອກແລ້ວ.
커이 상 까 페 빠이 2 쩍 래우

◎ 주문을 확인해 주시겠어요?
ກະລຸນາກວດເບິ່ງລາຍການສັ່ງອາຫານຂອງຂ້ອຍໄດ້ບໍ່?
까 루 나 꾸앗 버응 라이 깐 상 아 한 컹 커이 다이 버

◎ 다른 요리가 나왔어요.
ນີ້ມັນແມ່ນຄົນລະຢ່າງກັບທີ່ຂ້ອຍສັ່ງ.
니 만 맨 콘 라 양 깝 티 커이 상

◎ 이것은 제가 주문한 게 아니에요.
ນີ້ບໍ່ແມ່ນອາຫານທີ່ຂ້ອຍສັ່ງ.
니 버 맨 아 한 티 커이 상

◎ 차가 식었어요.
ຊາຂອງຂ້ອຍບໍ່ຄ່ອຍຮ້ອນປານໃດ.
사 컹 커이 버 커이 헌 빤 다이

◎ 이 요리를 데워주세요.
ກະລຸນາຊ່ວຍອຸ່ນໃຫ້ຮ້ອນກວ່ານີ້ແນ່.
까 루 나 수아이 운 하이 헌 꾸아 니 내

Unit 7 상점에서 ໃນຮ້ານຄ້າ

상점에서 쓰는 표현 Best 3

어서 오세요.	ມີຫຍັງໃຫ້ຊ່ວຍບໍ່. 미 냥 하이 수아이 버
그냥 좀 둘러보고 있어요.	ຂ້ອຍຂໍຍ່າງເລາະເບິ່ງກ່ອນ. 커이 커 양 러 버응 껀
다른 것을 보여주세요.	ກະລຸນາເອົາອັນອື່ນໃຫ້ຂ້ອຍເບິ່ງແນ່. 까 루 나 아오 안 은 하이 커이 버응 내

기본단어

선물 가게	ຮ້ານຂາຍຂອງຂວັນ 한 카이 컹 쿠안	보석 가게	ຮ້ານຂາຍເຄື່ອງປະດັບ 한 카이 크앙 빠 답
할인 가게	ຮ້ານຄ້າຫລຸດລາຄາ 한 카 룻 라 카	편의점	ຮ້ານສະດວກຊື້ 한 사 두악 스
종이 봉지	ຖົງເຈ້ຍ 통 찌아	비닐 봉지	ຖົງພຣາສຕິກ 통 플라스틱
계산원	ພະນັກງານຄິດໄລ່ເງິນ 파 낙 응안 킷 라이 응언	점원	ພະນັກງານຮ້ານຄ້າ 파 낙 응안 한 카
면	ຝ້າຍ 파이	가죽	ໜັງ 낭
헐렁한	ຫລົມ 롬	목걸이	ສາຍຄໍ 사이 커
귀걸이	ຕຸ້ມຫູ 뚬 후	반지	ແຫວນ 밴
팔찌	ສາຍແຂນ 사이 캔	브로치	ເຂັມຂັດ 켐 캇

상점에서 많이 쓰는 핵심표현

쇼핑센터를 찾을 때

- 쇼핑센터는 어느 방향인가요? ສູນການຄ້າໄປທາງໃດ?
  순 깐 카 빠이 탕 다이

- 쇼핑몰은 어디인가요? ຫ້າງສັບພະສິນຄ້າຢູ່ໃສ?
  항 삽 바 신 카 유 사이
- 쇼핑가는 어디에 있나요? ບ່ອນເລາະຊື້ເຄື່ອງຢູ່ແຖວໃດ?
  번 러 쓰 크앙 유 태우 다이

가게를 찾을 때

- 편의점을 찾고 있는데요. ຂ້ອຍກຳລັງຊອກຫາຮ້ານສະດວກຊື້.
  커이 깜 랑 석 하 한 사 두악 스

- 이 주변에 할인 가게가 있나요? ແຖວນີ້ມີຮ້ານຄ້າຫລຸດລາຄາບໍ່?
  태우 니 미 한 카 룻 라 카 버
- 운동화는 어디서 사나요? ຂ້ອຍສາມາດຊື້ເກີບຜ້າໃບໄດ້ຢູ່ໃສ?
  커이 사 맛 스 꺼브 파 바이 다이 유 사이

가게에 들어섰을 때

- 어서 오세요. ມີຫຍັງໃຫ້ຊ່ວຍບໍ່.
  미 냥 하이 수아이 버

- 좀 둘러봐도 되나요? ຂ້ອຍຂໍເລາະເບິ່ງກ່ອນໄດ້ບໍ່?
  커이 커 러 버응 껀 다이 버
- 그냥 좀 둘러보고 있어요. ຂ້ອຍຂໍຍ່າງເລາະເບິ່ງກ່ອນ.
  커이 커 양 러 버응 껀

사고 싶은 물건을 찾을 때

- 스카프가 있나요? — ມີຜ້າພັນຄໍຂາຍບໍ່?
  미 파 판 커 카이 버

- 선글라스를 찾고 있어요. — ຂ້ອຍກຳລັງຊອກຫາແວ່ນຕາກັນແດດ.
  커이 깜 랑 석 하 밴 따 깐 댓
- 가장 인기 있는 건 무엇인가요? — ແມ່ນຫຍັງທີ່ດັງທີ່ສຸດຢູ່ນີ້?
  맨 냥 티 당 티 숫 유 니
- 기념품으로 좋은 게 있나요? — ມີຫຍັງແນະນຳສຳຫລັບຊື້ເປັນຂອງທີ່ລະນຶກບໍ່?
  미 냥 내 남 삼 랍 스 뺀 컹 티 라 늑 버

물건을 보고 싶을 때

- 그걸 봐도 될까요? — ຂ້ອຍຂໍເບິ່ງອັນນີ້ໄດ້ບໍ່?
  커이 커 버응 안 니 다이 버

- 저것 좀 보여주세요. — ຊ່ວຍເອົາອັນນັ້ນອອກມາໃຫ້ເບິ່ງໄດ້ບໍ່.
  수아이 아오 안 난 억 마 하이 버응 다이 버
- 이거 입어봐도 되나요? — ຂ້ອຍຂໍລອງອັນນີ້ໄດ້ບໍ່?
  커이 커 렁 안 니 다이 버
- 좀 더 작은 것이 있나요? — ມີຂະໜາດນ້ອຍກວ່ານີ້ບໍ່?
  미 카 낫 너이 꾸아 니 버

다른 물건을 찾을 때

- 다른 것은 없어요? — ຂ້ອຍຂໍເບິ່ງໂຕອື່ນໄດ້ບໍ່?
  커이 커 버응 또 은 다이 버

- 다른 것을 보여주세요. — ກະລຸນາເອົາແບບອື່ນໃຫ້ຂ້ອຍເບິ່ງແນ່.
  까 루 나 아오 뱁 은 하이 커이 버응 내
- 좀 더 큰 것을 보여주시겠어요? — ຂໍເບິ່ງຂະໜາດໃຫຍ່ກວ່ານີ້ໄດ້ບໍ່?
  커 버응 카 낫 야이 꾸아 니 다이 버
- 이 제품으로 다른 치수는 없어요? — ເຈົ້າມີໂຕນີ້ແຕ່ເປັນຂະໜາດອື່ນບໍ່?
  짜오 미 또 니 때 뻰 카 낫 은 버

물건을 사지 않고 나올 때

◎ 좀 더 둘러보고 올게요.
ຂ້ອຍຂໍເບິ່ງກ່ອນ ແລະ ຈະກັບມາໃໝ່.
커이 커 버응 껀 래 짜 깝 마 마이

◎ 다음에 다시 올게요.
ມື້ໜ້າຈະມາໃໝ່.
므 나 짜 마 마이

◎ 제가 찾던 것이 아니에요.
ອັນນີ້ບໍ່ແມ່ນອັນທີ່ຂ້ອຍຢາກໄດ້.
안 니 버 맨 안 티 커이 약 다이

◎ 미안합니다만 마음에 들지 않아요.
ຂໍໂທດຫລາຍໆ, ແຕ່ຂ້ອຍຍັງບໍ່ຖືກໃຈ.
커 톳 라이 라이, 때 커이 냥 버 특 짜이

품질에 대해 물을 때

◎ 이것은 수제품인가요?
ອັນນີ້ເຮັດດ້ວຍມືແມ່ນບໍ່?
안 니 헷 두아이 므 맨 버

◎ 품질은 좋은가요?
ຄຸນະພາບອັນນີ້ດີບໍ່?
쿤 나 팝 안 니 디 버

◎ 품질이 나쁘네요.
ຄຸນະພາບບໍ່ດີເລີຍ.
쿤 나 팝 버 디 러의

◎ 재질은 무엇인가요?
ອັນນີ້ເຮັດມາຈາກຫຍັງ?
안 니 헷 마 짝 냥

가격을 물을 때

◎ 얼마예요?
ລາຄາເທົ່າໃດ?
라 카 타오 다이

◎ 그거 얼마예요?
ອັນນີ້ລາຄາເທົ່າໃດ?
안 니 라 카 타오 다이

◎ 몇 퍼센트 할인해요?
ຫລຸດໄດ້ເທົ່າໃດ?
룻 다이 타오 다이

◎ 세일은 언제부터 하나요?
ຊ່ວງຫລຸດລາຄາຈະມີຕອນໃດ?
수앙 룻 라 카 짜 미 떤 다이

Unit 8 공공기관에서 ໃນສະຖານທີ່ສາທາລະນະ

공공기관에서 쓰는 표현 Best 3

◎ 배가 아파요.
ຂ້ອຍເຈັບທ້ອງ.
커이 쩹 텅

◎ 여기에서 환전할 수 있나요?
ຂ້ອຍສາມາດປ່ຽນເງິນຢູ່ນີ້ໄດ້ບໍ່?
커이 사 맛 삐엔 응언 유 니 다이 버

◎ 보통 우편으로 보내주세요.
ຂ້ອຍຕ້ອງການສົ່ງເຄື່ອງທາງໄປສະນີແບບປົກກະຕິ.
커이 떵 깐 송 크앙 탕 빠이 사 니 뱁 뽁 까 띠

기본단어

소포	ພັດສະດຸ	팟 사 두
우표	ກາປະທັບ	까 빠 탑
우체통	ຕູ້ໄປສະນີ	뚜 빠이 사 니
우편 요금	ຄ່າສົ່ງເຄື່ອງທາງໄປສະນີ	카 송 크앙 탕 빠이 사 니
보통 우편	ໄປສະນີແບບປົກກະຕິ	빠이 사 니 뱁 뽁 까 띠
지폐	ເງິນສົດ	응언 솟
동전	ຫລຽນ	리엔
신용카드	ບັດເຄຣດິດ	받 크뤠딧
신분증	ບັດປະຊາຊົນ	받 빠 사 손
환율	ອັດຕາແລກປ່ຽນເງິນ	앗 따 랙 삐엔 응언
환전 수수료	ຄ່າທຳນຽມ	카 탐 니엠
현금자동지급기	ຕູ້ເອທີເອັມ	뚜 에 티 엠
입금하다	ຝາກເງິນ	팍 응언
출금하다	ຖອນເງິນ	턴 응언
서명	ລາຍເຊັນ	라이 센
잔고	ຍອດເງິນ	응언

공공기관에서 많이 쓰는 핵심표현

우체국을 찾을 때

- 우체국은 어디에 있나요? ຫ້ອງການໄປສະນີຢູ່ໃສ?
  헝 깐 빠이 사 니 유 사이
- 우표는 어디서 사나요? ຂ້ອຍສາມາດຊື້ກາປະທັບໄດ້ຢູ່ໃສ?
  커이 사 맛 스 까 빠 탑 다이 유 사이
- 우체통은 어디에 있나요? ຕູ້ໄປສະນີຢູ່ໃສ?
  뚜 빠이 사 니 유 사이

편지를 보낼 때

- 우표를 사고 싶은데요. ຂ້ອຍຕ້ອງການຊື້ກາປະທັບ.
  커이 떵 깐 스 까 빠 탑
- 이거 우편요금이 얼마예요? ຄ່າສົ່ງເຄື່ອງທາງໄປສະນີສຳລັບອັນນີ້ລາຄາເທົ່າໃດ?
  카 송 크앙 탕 빠이 사 니 삼 랍 안 니 라 카 타오 다이
- 보통 우편으로 보내주세요. ຂ້ອຍຕ້ອງການສົ່ງເຄື່ອງທາງໄປສະນີແບບປົກກະຕິ.
  커이 떵 깐 송 크앙 탕 빠이 사 니 뱁 뽁 까 띠

소포를 보낼 때

- 이 소포를 한국에 보내고 싶어요. ຂ້ອຍຕ້ອງການສົ່ງພັດສະດຸອັນນີ້ໄປເກົາຫລີ.
  커이 떵 깐 송 팟 사 두 안 니 빠이 까오 리
- 이것을 보내는 데 얼마예요? ລາຄາເທົ່າໃດສຳລັບສົ່ງເຄື່ອງອັນນີ້?
  라 카 타오 다이 삼 랍 송 크앙 안 니
- 소포용 박스가 있어요? ມີກ່ອງສຳຫລັບໃສ່ພັດສະດຸບໍ່?
  미 껑 삼 랍 사이 팟 사 두 버

은행에서

- 통장을 만들고 싶어요. ຂ້ອຍຕ້ອງການເປີດບັນຊີທະນາຄານ.
  커이 떵 깐 뻐읏 반 시 타 나 칸

- 현금카드를 만들어주세요. ຂ້ອຍຕ້ອງການເຮັດບັດກົດເງິນສົດ.
  커이 떵 깐 헷 받 꼿 응언 솟
- 입금하려고요. ຂ້ອຍຕ້ອງການຝາກເງິນ.
  커이 떵 깐 팍 응언
- 계좌 이체를 하고 싶습니다. ຂ້ອຍຕ້ອງການໂອນເງິນ.
  커이 떵 깐 온 응언
- 백 달러를 찾고 싶어요. ຂ້ອຍຕ້ອງການຖອນເງິນ100ດອລລ້າ.
  커이 떵 깐 턴 응언 100 덜라

환전할 때

- 여기에서 환전할 수 있나요? ຂ້ອຍສາມາດປ່ຽນເງິນຢູ່ນີ້ໄດ້ບໍ່?
  커이 사 맛 삐엔 응언 유 니 다이 버

- 어디에서 환전하나요? ຂ້ອຍສາມາດປ່ຽນເງິນໄດ້ຢູ່ໃສ?
  커이 사 맛 삐엔 응언 다이 유 사이
- 원화를 미국 달러로 바꾸고 싶어요. ຂ້ອຍຕ້ອງການປ່ຽນເງິນວອນເປັນເງິນດອລລ້າ.
  커이 떵 깐 삐엔 응언 원 뻰 응언 덜라
- 오늘 환율은 어떻게 되죠? ອັດຕາແລກປ່ຽນເງິນຂອງມື້ນີ້ແມ່ນເທົ່າໃດ?
  앗 따 랙 삐엔 응언 컹 므 니 맨 타오 다이

카드에 문제가 있을 때

- 카드를 분실했어요. ຂ້ອຍເຮັດບັດເສຍ.
  커이 헷 받 시아

- 카드를 정지해 주시겠어요? ລົບກວນຊ່ວຍຍົກເລີກການໃຊ້ງານຂອງບັດຂ້ອຍໄດ້ບໍ່?
  롭 꾸안 수이아 욕 러윽 깐 싸이 응안 컹 받 커이 다이 버
- 현금자동인출기에서 카드가 안 빠져요. ບັດຂ້ອຍບໍ່ອອກມາຈາກຕູ້ເອທີເອັມ.
  받 커이 버 억 마 짝 뚜 에 티 엠

도서관에서

- 무엇을 도와 드릴까요? — ມີຫຍັງໃຫ້ຊ່ວຍບໍ່? 미 냥 하이 수아이 버
- 모비 딕을 찾고 있어요. — ຂ້ອຍກຳລັງຊອກຫາປຶ້ມໂມບີດິກ. 커이 깜 랑 석 하 쁨 모비 딕
- 이 책이 있는지 확인해 주세요. — ລົບກວນຊ່ວຍຊອກປຶ້ມນີ້ໃຫ້ຂ້ອຍໄດ້ບໍ່? 롭 꾸안 수아이 석 쁨 니 하이 커이 다이 버
- 책을 빌리려면 회원카드가 필요해요? — ຈຳເປັນຕ້ອງໃຊ້ບັດເພື່ອຢືມປຶ້ມບໍ່? 짬 뻰 떵 사이 받 프아 니음 쁨 버
- 도서관 회원카드가 없어요. — ຂ້ອຍບໍ່ມີບັດຫ້ອງສະໝຸດ. 커이 버 미 받 헝 사 뭇

병원에서

- 진찰을 받고 싶어요. — ຂ້ອຍຕ້ອງການພົບທ່ານໝໍ. 커이 떵 깐 폽 탄 머
- 배가 아파요. — ຂ້ອຍເຈັບທ້ອງ. 커이 쩹 텅
- 어디가 아프세요? — ເຈັບຢູ່ໃສ? 쩹 유 사이
- 언제쯤 결과를 알 수 있어요? — ຕອນໃດຂ້ອຍຈຶ່ງຈະຮູ້ຜົນກວດ? 떤 다이 커이 쯩 짜 후 폰 꾸앗
- 입원해야 해요? — ຂ້ອຍຕ້ອງໄດ້ຢູ່ຮັກສາທີ່ໂຮງໝໍບໍ່? 커이 떵 다이 유 학 사 티 홍 머 버

미용실에서

- 파마를 하고 싶어요. — ຂ້ອຍຕ້ອງການດັດຜົມ. 커이 떵 깐 닷 폼
- 다듬기만 해 주세요. — ກະລຸນາຕັດປາຍອອກໜ້ອຍໜຶ່ງ. 까 루 나 땃 빠이 억 너이 능
- 헤어스타일을 바꾸고 싶어요. — ຂ້ອຍຕ້ອງການປ່ຽນຊົງຜົມ. 커이 떵 깐 삐엔 송 폼

Unit 9 문제가 생겼을 때 ເວລາເກີດບັນຫາ

문제가 생겼을 때 쓰는 표현 Best 3

- 좀 더 천천히 말씀해 주세요. — ກະລຸນາເວົ້າຊ້າໆແນ່. 까 루 나 바오 사사 내
- 긴급 상황입니다. — ນີ້ແມ່ນກໍລະນີສຸກເສີນ. 니 맨 꺼 라 니 숙 서은
- 구급차를 불러주세요. — ກະລຸນາໂທເອີ້ນລົດໂຮງໝໍໃຫ້ແນ່. 까 루 나 토 어은 롯 홍 머 하이 내

기본단어

응급 상황	ກໍລະນີສຸກເສີນ 꺼 라 니 숙 서은	화장실	ຫ້ອງນ້ຳ 헝 남
병원	ໂຮງໝໍ 홍 머	약국	ຮ້ານຂາຍຢາ 한 카이 야
경찰서	ສະຖານີຕຳຫລວດ 사 타 니 땀 루앗	통역사	ລາມແປພາສາ 람 빼 파 사
소매치기	ນັກລ້ວງກະເປົາ 낙 루앙 까 빠오	도둑	ໂຈນ 쫀
두통	ເຈັບຫົວ 쩹 후아	치통	ເຈັບແຂ້ວ 쩹 캐우
복통	ເຈັບທ້ອງ 쩹 텅	고통	ເຈັບປວດ 쩹 뿌앗
데다	ເພົາໄໝ້ 파오 마이	삐다	ຮອຍຟົກຊ້ຳ 허이 폭 삼
부러지다	ຫັກ 학	처방전	ໃບສັ່ງຢາ 바이 상 야

문제가 생겼을 때 많이 쓰는 핵심표현

의사소통이 되지 않을 때

- 영어를 할 줄 몰라요. ຂ້ອຍບໍ່ສາມາດເວົ້າພາສາອັງກິດ.
  커이 버 사 맛 바오 파 사 앙 낏
- 영어를 잘 못해요. ພາສາອັງກິດຂອງຂ້ອຍບໍ່ຄ່ອຍດີປານໃດ.
  파 사 앙 낏 컹 커이 버 커이 디 빤 다이
- 영어로 설명할 수 없어요. ຂ້ອຍບໍ່ສາມາດອະທິບາຍເປັນພາສາອັງກິດໄດ້.
  커이 버 사 맛 아 티 바이 뻰 파 사 앙 낏 다이
- 좀 더 천천히 말씀해 주세요. ກະລຸນາເວົ້າຊ້າໆແນ່.
  까 루 나 바오 사사 내

통역을 부탁할 때

- 한국어 하는 사람 있나요? ມີໃຜສາມາດເວົ້າພາສາເກົາຫລີໄດ້ແນ່?
  미 파이 사 맛 바오 파 사 까오 리 다이 내
- 한국인 통역사를 불러주세요. ຂ້ອຍຕ້ອງການລ່າມແປພາສາຄົນເກົາຫລີ.
  커이 떵 깐 람 빼 파 사 콘 까오 리
- 한국인 통역사를 불러주시겠어요? ຊ່ວຍຫາລ່າມແປພາສາຄົນເກົາຫລີໃຫ້ໄດ້ບໍ່?
  수아이 하 람 빼 파 사 콘 까오 리 하이 다이 버

곤경에 처했을 때

- 어떻게 하면 좋죠? ຂ້ອຍຄວນເຮັດແນວໃດ?
  커이 쿠안 헷 내우 다이
- 심각한 문제가 생겼어요. ພວກເຮົາມີບັນຫາຢ່າງໃຫຍ່ແລ້ວ.
  푸악 하오 미 반 하 양 냐이 래우
- 지금 곤경에 처했어요. ຂ້ອຍກຳລັງປະສົບບັນຫາຢ່າງໃຫຍ່.
  커이 깜 랑 빠 솝 반 하 양 냐이

분실했을 때

- 유실물 센터는 어디인가요? ຈຸດແຈ້ງເຄື່ອງຫາຍຢູ່ໃສ?
  쭛 쨍 크앙 하이 유 사이

- 아무리 찾아도 없어요. ຂ້ອຍຊອກບ່ອນໃດກໍບໍ່ເຫັນ.
  커이 석 번 다이 꺼 버 헨
- 어디서 잃어버렸는지 모르겠어요. ຂ້ອຍບໍ່ຫມັ້ນໃຈວ່າເຮັດຫາຍຢູ່ໃສ.
  커이 버 만 짜이 바 헷 하이 유 사이
- 무엇을 잃어 버렸나요? ເຈົ້າເຮັດຫຍັງຫາຍ?
  짜오 헷 냥 하이

상황이 위급할 때

- 도와주세요! ຊ່ອຍແນ່!
  수아이 내

- 누구 없어요? ມີໃຜຢູ່ນີ້ບໍ່?
  미 파이 유 니 버
- 경찰을 불러주세요. ກະລຸນາໂທຫາຕຳຫລວດໃຫ້ຂ້ອຍແນ່.
  까 루 나 토 하 땀 루앗 하이 커이 내
- 알았으니 해치지 마세요. ເຂົ້າໃຈແລ້ວ. ຢ່າທຳຮ້າຍຂ້ອຍເລີຍ.
  카오 짜이 래우. 야 탐 하이 커이 러의

경찰서에서

- 도난 신고를 하고 싶어요. ຂ້ອຍຕ້ອງການລາຍງານກ່ຽວກັບການປຸ້ນສະດົມ.
  커이 떵 깐 라이 응안 끼오 깝 깐 뿐 사 돔

- 제 여권을 도난당했어요. ໜັງສືຜ່ານແດນຂອງຂ້ອຍຖືກລັກ.
  낭 스 판 댄 컹 커이 특 락
- 지금 한국 대사관으로 연락해 주세요. ກະລຸນາຕິດຕໍ່ສະຖານທູດເກົາຫລີໃຫ້ຂ້ອຍດຽວນີ້ແນ່.
  까 루 나 띳 떠 사 탄 툿 까오 리 하이 커이 디오 니 내
- 찾으면 한국으로 보내주세요. ກະລຸນາສົ່ງກັບເກົາຫລີ, ໃນກໍລະນີທີ່ພົບເຫັນ.
  까 루 나 송 깝 까오 리, 나이 꺼 라 니 티 폽 헨

사고를 당했을 때

- 의사를 불러주세요. ກະລຸນາໂທຫາທ່ານຫມໍໃຫ້ແນ່. 까 루 나 토 하 탄 머 하이 내
- 진료를 받고 싶은데요. ຂ້ອຍຕ້ອງການພົບທ່ານຫມໍ. 커이 떵 깐 폽 탄 머.
- 제 친구가 교통 사고를 당했어요. ຫມູ່ຂອງຂ້ອຍເກີດອຸບັດຕິເຫດ. 무 컹 커이 끄읏 우 밧 띠 헷
- 친구가 차에 치었어요. ຫມູ່ຂອງຂ້ອຍຖືກລົດຕຳ. 무 컹 커이 특 롯 땀
- 그를 병원으로 데려가 주시겠어요? ກະລຸນາຊ່ວຍພາລາວໄປໂຮງຫມໍໄດ້ບໍ່? 까 루 나 수아이 파 라오 빠이 홍 머 다이 버

몸이 좋지 않을 때

- 몸이 아파요. ຂ້ອຍບໍ່ສະບາຍ. 커이 버 사 바이
- 멀미가 나요. ຂ້ອຍຮູ້ສຶກບໍ່ສະບາຍ. 커이 후 슥 버 사 바이
- 몸이 좋지 않아요. ຂ້ອຍຮູ້ສຶກບໍ່ຄ່ອຍສະບາຍໂຕ. 커이 후 슥 버 커이 사 바이 또
- 몸 상태가 이상해요. ຮ່າງກາຍຂ້ອຍຮູ້ສຶກແປກໆ. 항 까이 커이 후 슥 빽빽

약국에서

- 처방전이 있어요? ມີໃບສັ່ງຢາຈາກທ່ານຫມໍບໍ່? 미 바이 상 야 짝 탄 머 버
- 이 처방전 약을 주세요. ກະລຸນາເອົາຢາໃຫ້ຕາມໃບສັ່ງຢາແນ່. 까 루 나 아우 야 하이 땀 바이 상 야 내
- 이 약의 복용법을 알려주세요. ຂ້ອຍຕ້ອງກິນຢານີ້ແນວໃດ. 커이 떵 낀 야 니 내우 다이
- 부작용이 있나요? ຢານີ້ມີຜົນຂ້າງຄຽງຫຍັງບໍ່? 야 니 미 폰 캉 키앙 냥 버

Unit 10 귀국할 때 ເວລາກັບປະເທດ

귀국할 때 쓰는 표현 Best 3

- 인천행을 예약하고 싶어요.
  ຂ້ອຍຕ້ອງການຈອງປີ້ຍົນໄປອິນຊອນ.
  커이 떵 깐 쩡 삐 뇬 빠이 인천
- 예약을 확인하고 싶어요.
  ຂ້ອຍຕ້ອງການຢືນຢັນການຈອງຂອງຂ້ອຍ.
  커이 떵 깐 니은 냔 깐 쩡 컹 커이
- 예약을 변경하고 싶어요.
  ຂ້ອຍຕ້ອງການປ່ຽນເວລາໃນການຈອງ.
  커이 떵 깐 삐엔 베 라 나이 깐 쩡

기본단어

- 예약하다 — ຈອງ 쩡
- 예약하다 — ຜູ້ໂດຍສານ 푸 도이 산
- 확인하다 — ຢືນຢັນ 니은 냔
- 재확인하다 — ຢືນຢັນອີກເທື່ອໜຶ່ງ 니은 냔 익 트아 능
- 취소하다 — ຍົກເລີກ 뇩 러윽
- 대한항공 카운터 — ຈຸດບໍລິການສາຍການບິນເກົາຫລີ 쭛 버 리 깐 사이 깐 빈 까오 리
- 면세점 — ຮ້ານຄ້າປອດພາສີ 한 카 뻿 파 시
- 면세 — ສິນຄ້າປອດພາສີ 신 카 뻿 파 시
- 탑승권 — ບັດຜ່ານອອກເມືອງ 받 판 억 므앙
- 수하물 — ກະເປົາເດີນທາງ 까 빠오 더은 탕
- 기내 휴대용 가방 — ກະເປົາຫິ້ວຂຶ້ນຍົນ 까 빠오 히오 큰 뇬
- 수하물을 부치다 — ໂຫລດ 롯
- 입국 신고서 — ແບບຟອມກວດຄົນເຂົ້າເມືອງ 뱁 펌 꾸앗 콘 카오 므앙
- 신고하다 — ການແຈ້ງເສຍພາສີ 깐 쨍 시아 파 시
- 세관 신고서 — ແບບຟອມແຈ້ງການເສຍພາສີ 뱁 펌 쨍 깐 사이 파 시
- 무게 제한 — ນ້ຳໜັກຈຳກັດ 남 작 짬 깟

귀국할 때 많이 쓰는 핵심표현

귀국편을 예약할 때

- 인천행을 예약하고 싶어요. ຂ້ອຍຕ້ອງການຈອງປີ້ຍົນໄປອິນຊອນ.
  커이 떵 깐 쩡 삐 논 빠이 인천
- 7월 16일 인천행 항공편이 있나요? ມີຖ້ຽວບິນໄປອິນຊອນໃນວັນທີ16ເດືອນ7ບໍ່?
  미 티오 빈 빠이 인천 나이 반 티 16 드안 7 버
- 대기자 명단에 올려주세요. ກະລຸນາສຳຮອງຊື່ຂ້ອຍໄວ້ໃຫ້ແນ່.
  까 루 나 삼 헝 스 커이 바이 하이 내

예약을 확인할 때

- 예약을 확인하고 싶어요. ຂ້ອຍຕ້ອງການຢືນຢັນການຈອງຂອງຂ້ອຍ.
  커이 떵 깐 니은 냔 깐 쩡 컹 커이
- 한국에서 예약했어요. ຂ້ອຍໄດ້ຈອງຖ້ຽວບິນໄປເກົາຫລີແລ້ວ.
  커이 다이 쩡 티오 빈 빠이 까오 리 래우
- 예약이 확인됐습니다. ການຈອງຂອງເຈົ້າໄດ້ຮັບການຢືນຢັນແລ້ວ.
  깐 쩡 컹 짜오 다이 합 깐 니은 냔 래우

예약을 변경할 때

- 예약을 변경하고 싶어요. ຂ້ອຍຕ້ອງການປ່ຽນການຈອງຂອງຂ້ອຍ.
  커이 떵 깐 삐엔 깐 쩡 컹 커이
- 금연석으로 바꿀 수 있나요? ຂ້ອຍສາມາດປ່ຽນໄປບ່ອນນັ່ງທີ່ຫ້າມສູບຢາໄດ້ບໍ່?
  커이 사 맛 삐엔 빠이 낭 번 낭 티 함 숩 야 다이 버
- 7월 1일로 바꿔주세요. ກະລຸນາປ່ຽນເປັນວັນທີ1ເດືອນ7ໃຫ້ແນ່.
  까 루 나 삐엔 뻰 반 티 1 드안 7 하이 내

예약을 취소할 때

- 예약을 취소해 주세요. ກະລຸນາຍົກເລີກການຈອງໃຫ້ແນ່.
  까 루 나 녹 러윽 깐 쩡 하이 내

- 예약을 취소하고 싶어요. ຂ້ອຍຕ້ອງການຍົກເລີກການຈອງຂອງຂ້ອຍ.
  커이 떵 깐 녹 러윽 깐 쩡 컹 커이
- 예약을 취소할 수 있나요? ຂ້ອຍສາມາດຍົກເລີກການຈອງຂອງຂ້ອຍໄດ້ບໍ່?
  커이 사 맛 녹 러윽 깐 쩡 컹 커이 다이 버
- 죄송하지만 예약을 취소해야겠습니다. ຂໍໂທດເດີ້, ແຕ່ຂ້ອຍຕ້ອງການຍົກເລີກການຈອງຖ້ຽວບິນຂອງຂ້ອຍ.
  커 톳 더으, 때 커이 떵 깐 녹 러윽 깐 쩡 티오 빈 컹 커이

공항으로 갈 때

- 히스로 공항으로 가 주세요. ກະລຸນາໄປສະໜາມບິນຮີສໂຣ.
  까 루 나 빠이 사 남 빈 히스로

- 빨리 가 주세요. 늦었어요. ກະລຸນາໄວໆແນ່, ຂ້ອຍຊ້າແລ້ວ.
  까 루 나 바이바이 내, 커이 사 래우
- 공항까지 얼마나 걸릴까요? ຕ້ອງໃຊ້ເວລາດົນປານໃດຈຶ່ງຈະໄປຮອດສະໜາມບິນ?
  떵 사이 베 라 돈 빤 다이 쯩 짜 빠이 헛 사 남 빈
- 공항까지 택시 요금이 얼마인가요? ຈາກນີ້ໄປຮອດສະໜາມບິນຄ່າແທັກຊີ່ລາຄາເທົ່າໃດ?
  짝 니 빠이 헛 사 남 빈 카 택시 라 카 타오 다이

탑승 수속을 할 때

- 탑승 수속은 어디서 하나요? ບ່ອນເຊັກອິນຢູ່ໃສ?
  번 첵 인 유 사이

- 짐을 여기에 놓아도 되나요? ຂ້ອຍສາມາດວາງກະເປົາເດີນທາງຢູ່ນີ້ໄດ້ບໍ່?
  커이 사 맛 방 까 빠오 더은 탕 유 니 다이 버
- 창가쪽으로 주세요. ຂ້ອຍຂໍບ່ອນນັ່ງຕິດປ່ອງຢ້ຽມແນ່.
  커이 커 번 낭 띳 뻥 니얌 내
- 친구와 같은 좌석으로 주세요. ຂ້ອຍຕ້ອງການນັ່ງໃກ້ກັບໝູ່ຂອງຂ້ອຍ.
  커이 떵 깐 낭 까이 깝 무 컹 커이

수하물을 접수할 때

- 맡길 짐이 있나요? ເຈົ້າມີກະເປົາເດີນທາງທີ່ຕ້ອງໂຫຼດເຂົ້າບໍ່?
  짜오 미 까 빠오 더은 탕 티 떵 롯 카오 버

- 가방을 맡길게요. ຂ້ອຍຈະໂຫຼດກະເປົາຂອງຂ້ອຍ.
  커이 짜 롯 까 빠오 컹 커이
- 이것은 기내에 가지고 들어가도 되나요? ຂ້ອຍສາມາດຖືອັນນີ້ເຂົ້າຫ້ອງໂດຍສານໄດ້ບໍ່?
  커이 사 맛 트 안 니 카오 헝 도이 산 다이 버
- 무게 제한이 얼마인가요? ນ້ຳໜັກຈຳກັດຢູ່ທີ່ເທົ່າໃດ?
  남 낙 짬 깟 유 티 타오 다이

공항 면세점에서

- 면세점은 어디 있나요? ຮ້ານຄ້າປອດພາສີຢູ່ໃສ?
  한 카 뻣 파 시 유 사이

- 한국 돈 받으시나요? ຮັບເງິນວອນຂອງເກົາຫລີບໍ່?
  합 응언 원 컹 까오 리 버
- 미국 달러만 받습니다. ພວກເຮົາຮັບແຕ່ເງິນດອລລ້າ.
  푸악 하오 합 때 응언 덜라
- 한국에 가지고 들어갈 수 있나요? ຂ້ອຍສາມາດຖືອັນນີ້ໄປເກົາຫລີໄດ້ບໍ່?
  커이 사 맛 트 안 니 빠이 까오 리 다이 버

귀국편 기내에서

- 식사는 언제 나와요? ອາຫານຈະມາເສີບຕອນໃດ?
  아 한 짜 마 서브 떤 다이

- 기내 면세품을 사고 싶어요. ຂ້ອຍຕ້ອງການຈະຊື້ສິນຄ້າປອດພາສີໃນຖ້ຽວບິນ.
  커이 떵 깐 짜 스 신 카 뻣 파 시 나이 티오 빈
- 입국카드 작성법을 알려주세요. ກະລຸນາຊ່ວຍບອກຂ້ອຍແນ່ວ່າຂຽນແບບຟອມກວດຄົນເຂົ້າເມືອງແນວໃດ.
  까 루 나 수아이 벅 커이 내 바 키엔 뱁 펌 꾸앗 콘 카오 므앙 내우 다이
- 인천에 제 시간에 도착하나요? ຖ້ຽວບິນຈະລົງຈອດຢູ່ອິນຊອນຕົງເວລາບໍ່?
  티오 빈 짜 롱 쩟 유 인천 똥 베 라 버

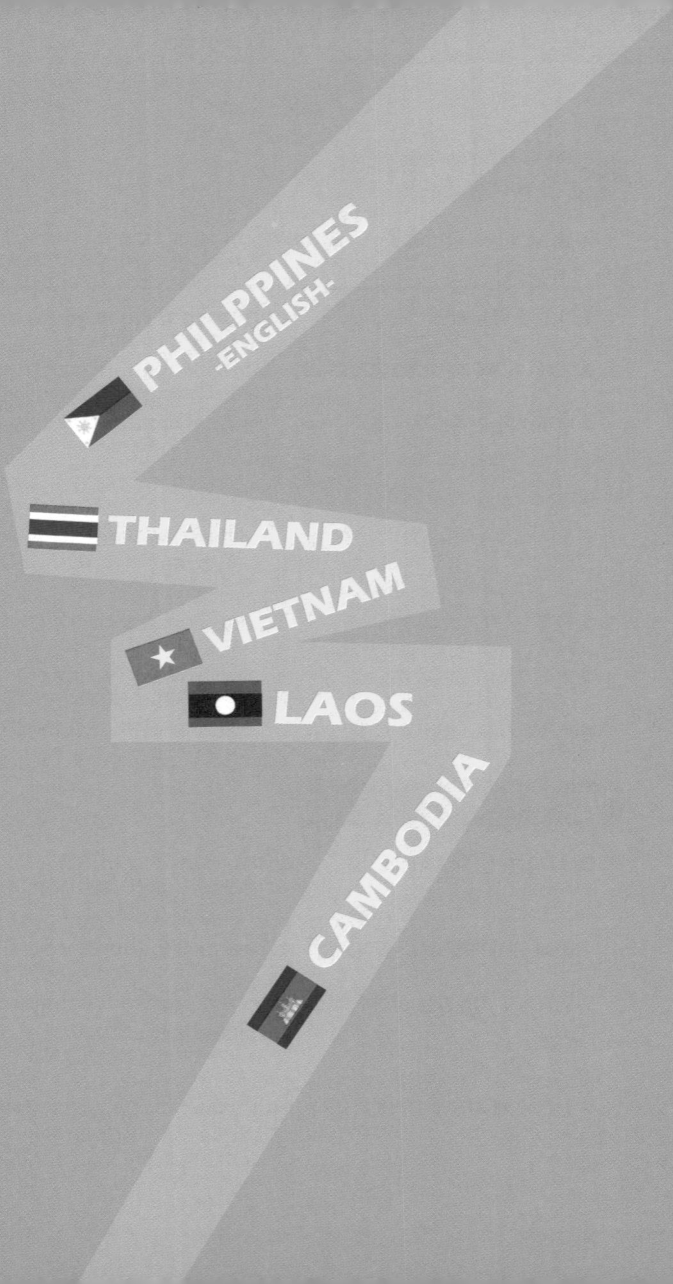
PHILIPPINES
-ENGLISH-
THAILAND
VIETNAM
LAOS
CAMBODIA

CAMBODIA

★일러두기 _ 캄보디아 발음에는 한국어에 없는 "h" 소리가 있는데,
단어 뒤에 h가 붙어 있는 경우 공기를 내뱉듯이
"ㅎ" 소리를 약하게 발음하면 된다.

Unit 1

기내에서 នៅលើយន្តហោះ

기내에서 쓰는 표현 Best 3

- 제 좌석은 어디죠? — កន្លែងអង្គុយខ្ញុំនៅឯណា?
  껀라잉 엉꼬이 크놈 너우 아에나
- 닭고기 주세요. — ខ្ញុំសុំយកសាច់មាន់។
  크놈 쏨 요옥 쌎 모안
- 담요 한 장 주시겠어요? — ខ្ញុំសុំភួយមួយ។?
  크놈 쏨 푸어이 무어이

기본단어

여권	លិខិតឆ្លងដែន	리컷 츨렁다엔
탑승권	សំបុត្រធ្វើដំនើរ	썸봇 트워 덤나으
비자	ទិដ្ឋាការ	뜻타까
1등석	កៅអីហ្វឺសខ្លាស់	까우에이 퍼스클라스
비즈니스석	កៅអីប៊ីសនីសខ្លាស់	까우에이 비즈니스
일반석	កៅអីធម្មតា	까우에이 토아마다
기장	អ្នកបើកយន្តហោះ	네악 바으 욘허h
창가 쪽 좌석	កៅអីជាប់បង្អួច	까우에이 쪼압 벙오잇
통로 쪽 좌석	កៅអីជាប់ផ្លូវដើរ	까우에이 쪼압 플러우 다으
식사 테이블	តុអាហារ	똑 아하
기내 화장실	បន្ទប់ទឹក	번똡뜩
비어 있음	ទំនេរ	똠네에
사용 중	កំពុងប្រើប្រាស់	껌뽕 쁘라으쁘라h
입국카드	កាតចេញចូល	깟 쩨읜쪼올
담요	ភួយ	푸어이
헤드폰	កាស	까h

기내에서 많이 쓰는 핵심표현

자리를 찾을 때

- 제 좌석은 어디죠?
  តើកន្លែងអង្គុយខ្ញុំនៅឯណា?
  따으 껀라잉 엉꼬이 크뇸 너우 아에나

- 33A는 어디예요?
  តើកៅអីលេខសាមសិបបី អេ នៅឯណា?
  따으 까우에이 레익 쌈썹바이 A 너우 아에나

- 제 자리 찾는 것을 도와주시겠어요?
  តើអាចជួយរកកន្លែងអង្គុយខ្ញុំផងបានទេ?
  따으 아앗 쭈어이 록 껀라잉 엉꼬이 크뇸 퍼엉 바안 떼

자리를 바꾸고 싶을 때

- 친구랑 제 좌석이 떨어져 있어요.
  កៅអីខ្ញុំ និងមិត្តភ័ក្រ្តខ្ញុំនៅដាច់ពីគ្នា។
  까우에이 크뇸 능 멋페악 크뇸 너우 닷 삐 크니어

- 좌석을 바꿀 수 있을까요?
  តើយើងអាចដូរកៅអីគ្នាបានទេ?
  따으 여응 아앗 도오 까우에이 크니어 바안 떼

- 제 자리와 바꿀 수 있을까요?
  តើអាចដូរកៅអីជាមួយខ្ញុំ បានទេ?
  따으 아앗 도오 까우에이 찌어무어이 크뇸 바안 떼

좌석이 불편할 때

- 좌석을 뒤로 눕혀도 될까요?
  តើខ្ញុំអាចទម្រេតកៅអីបានទេ?
  따으 크뇸 아앗 똠레잇 까우에이 바안 떼

- 좌석을 차지 말아주세요.
  សូមកុំធាក់កៅអីខ្ញុំ។
  써옴 껌 테악 까우에이 크뇸

- 좌석을 앞으로 좀 당겨주시겠어요?
  តើអ្នកអាចទាញកៅអីអ្នកទៅមុខបន្តិចបានទេ?
  따으 네악 아앗 띠언 까우에이 네악 떠우 모옥 번뗏 바안 떼

식사를 주문할 때

- 닭고기 주세요. ខ្ញុំសុំយកសាច់មាន់។
  크뇸 쏨 요옥 쌋 모안

- 소고기 주세요. ខ្ញុំយកសាច់គោ។
  크뇸 요옥 쌋 꼬오
- 고추장 있어요? តើមានទឹកម្ទេសទេ?
  따으 미언 뜩 머떼h 떼
- 이것으로 부탁합니다. ខ្ញុំយកមួយនេះ។
  크뇸 요옥 무어이 니h

음료를 주문할 때

- 오렌지 주스 있어요? តើមានទឹកក្រូចទេ?
  따으 미언 뜩 끄로잇 떼

- 커피 좀 주세요. ខ្ញុំចង់បានកាហ្វេ។
  크뇸 쩡바안 까페
- 시원하게 마실 것을 주시겠어요? តើមានទឹកត្រជាក់ៗទេ?
  따으 미언 뜩 뜨러찌악 뜨러찌악 떼
- 물 한 잔 주세요. ខ្ញុំសុំទឹកមួយកែវ។
  크뇸 쏨 뜩 무어이 까에우

화장실에 가고 싶을 때

- 실례지만, 화장실이 어디 있어요? អត់ទោស បន្ទប់ទឹកនៅឯណា?
  엇또h, 번똡뜩 너우 아에나

- 지금 화장실에 가도 될까요? តើខ្ញុំអាចទៅបន្ទប់ទឹកឥឡូវនេះបន្តិចបានទេ?
  따으 크뇸 떠우 번똡뜩 에일러우니h 번뗏 바안 떼
- 화장실에 휴지가 없어요. អត់មានក្រដាសអនាម័យទេ។
  엇 미언 끄러다h 아나마이 떼
- 어디서 손을 씻을 수 있나요? តើខ្ញុំអាចលាងដៃបាន នៅឯណា?
  따으 크뇸 아앗 리엉 다이 반 너우 아에나

필요한 물건을 달라고 할 때

- 담요 한 장 주시겠어요? ខ្ញុំសុំភួយមួយ។?
  크놈 쏨 푸어이 무어이
- 읽을 것 좀 주시겠어요? តើមានអ្វីអាចឱ្យខ្ញុំអានបានទេ?
  따으 미언 어워이 아앗 아오이 크놈 아안 바안 떼
- 수면용 안대를 가져다 주실 수 있나요? តើមានម៉ាសបិតភ្នែកសម្រាប់ដេកទេ?
  따으 미언 마스벗프네액 썸으랍 데익 떼
- 한국어 신문이 있나요? តើមានកាសែតកូរ៉េទេ?
  따으 미언 까사엣 꼬레 떼

도착에 관해서 물을 때

- 예정대로 도착하나요? តើយន្តហោះមកដល់តាមកំណត់ទេ?
  따으 욘허h 모옥 덜 따암 껌넛 떼
- 런던은 몇 시에 도착하나요? តើទៅដល់ទីក្រុងឡុងដ៍នៅម៉ោងប៉ុន្មាន?
  따으 떠우 덜 띠끄롱 롱 너우 마옹 뽄만
- 얼마나 지연될까요? តើត្រូវពន្យារពេលដល់ពេលណា?
  따으 뜨러우 뽄니어 뻴 덜 뻴 나
- 도착 시간은 언제인가요? តើម៉ោងមកដល់ម៉ោងប៉ុន្មាន?
  따으 마옹 모옥 덜 마옹 뽄만

입국 신고서 작성할 때

- 서류 작성법을 가르쳐주시겠어요? តើខ្ញុំត្រូវបំពេញឯកសារនេះយ៉ាងម៉េច?
  따으 크놈 뜨러우 범빼인 아익꺼싸 니h 양메잇
- 여기에는 무엇을 쓰는 건가요? តើកន្លែងនេះខ្ញុំត្រូវសរសេរអ្វី?
  따으 껀라잉 니h 크놈 뜨러우 써쎄 어워이
- 제 입국 신고서를 봐주시겠어요? សូមជួយពិនិត្យសលាកប័ត្រចូលខ្ញុំបន្តិច។?
  써옴 쭈어이 삐닛 쌀락까밧쪼올 크놈 번뗏
- 입국 신고서 작성을 도와주세요. សូមជួយបំពេញសលាកប័ត្រចូលខ្ញុំបន្តិច។
  써옴 쭈어이 범빼인 쌀락까밧쪼올 크놈 번뗏

Unit 2 공항에서 នៅព្រលានយន្តហោះ

공항에서 쓰는 표현 Best 3

- 어디에서 오셨나요?
  តើអ្នកមកពីណា?
  따으 네악 모옥 삐 나
- 직업이 무엇인가요?
  តើអ្នកធ្វើអ្វី?
  따으 네악 트워 어워이
- 방문 목적이 무엇인가요?
  តើអ្នកមកទីនេះ ក្នុងគោលបំនងអ្វី?
  따으 네악 모옥 띠 니h 크농 꼴범넝 어워이

기본단어

항공사	ក្រុមហ៊ុនអាកាសចរណ៍ 끄럼훈 아까스쩌	출발	ការចេញដំណើរ 까아 쩨인 덤나으
도착	ការមកដល់ 까아 모옥 덜	환승하다	ប្តូរជើង 쁘도 쯔응
보안 검색	ការពិនិត្យសន្តិសុខ 까아 삐넛 썬떼쏙	수하물 찾는 곳	កន្លែងយកឥវ៉ាន់ 껀라잉 요옥 에이완
탑승 수속대	បញ្ជរឆែកអ៊ីន 바왼쪼오 체크인	탑승 대기실	កន្លែងរង់ចាំឡើងយន្តហោះ 껀라잉 롱짬 라응 욘허h
탑승구	ច្រកឡើងយន្តហោះ 쯔럭 라응 욘허h	입국 심사	អន្តោប្រវេសន៍ 언따오 쁘러웨이h
세관	គយ 꼬오이	무관세	ឥតបង់ពន្ធ 엇 벙 뽄
신고하다	រាយការណ៍ 리어이까아	목적지	គោលដៅ 꼴다으
유실물 취급소	កន្លែងរករបស់បាត់ 껀라잉 록 로버h 밧	환전	ការប្តូរប្រាក់ 까아 쁘도 쁘락

공항에서 많이 쓰는 핵심표현

탑승에 대해 물을 때

- 몇 시에 탑승 시작하나요? តើគេបើកឱ្យរង់ចាំឡើងយន្តហោះនៅម៉ោងប៉ុន្មាន?
  따으 께 바윽 아오이 롱짬 라응 욘허h 너우 마옹 뽄만

- 몇 번 게이트로 가야 하나요? តើខ្ញុំត្រូវទៅច្រកលេខប៉ុន្មាន?
  따으 크뇸 뜨러우 떠우 쯔럭 레익 뽄만

- 이거 기내에 가지고 탑승해도 되나요? តើខ្ញុំអាចយករបស់នេះ ឡើងយន្តហោះបានទេ?
  따으 크뇸 아앗 요옥 로버h 니h 라응 욘허h 바안 떼

직업을 물어볼 때

- 직업이 무엇인가요? តើអ្នកធ្វើការអ្វី?
  따으 네악 트워까아 어워이

- 어떤 직종이세요? តើអ្នកធ្វើការអ្វី?
  따으 네악 트워까아 어워이

- 무슨 일을 하시나요? តើអ្នកធ្វើការអ្វី?
  따으 네악 트워까아 어워이

직업을 말할 때

- 저는 사업을 해요. ខ្ញុំជាអ្នកជំនួញ។
  크뇸 찌어 네악 쭘누읜

- 저는 회사원이에요. ខ្ញុំជាបុគ្គលិកក្រុមហ៊ុន។
  크뇸 찌어 복껄럭 끄럼훈

- 저는 주부예요. ខ្ញុំជាមេផ្ទះ។
  크뇸 찌어 메 프떼아h

입국 심사대 통과할 때

- 여권을 보여주세요.
  ខ្ញុំសុំមើលលិខិតឆ្លងដែនបន្តិច។
  크뇸 쏨 머을 리컷 츨렁다엔 번뗏

- 어디에서 오셨나요?
  តើអ្នកមកពីណា?
  따으 네악 모옥 삐 나

- 한국에서 왔어요.
  ខ្ញុំមកពីកូរ៉េ។
  크뇸 모옥 삐 꼬레

- 방문 목적이 무엇인가요?
  តើអ្នកមកមានគោលបំណងអ្វី?
  따으 네악 모옥 미언 꼴범넝 어워이

- 관광입니다.
  ខ្ញុំមកដើរលេង។
  크뇸 모옥 다을레잉

- 휴가 차 왔어요.
  ខ្ញុំមកសម្រាកវិស្សមកាល។
  크뇸 모옥 썸으라악 위싸막까알

- 얼마나 머무실 건가요?
  តើអ្នកនឹងស្នាក់នៅដល់ពេលណា?
  따으 네악 능 스낙너우 덜 뻴 나

- 일주일 정도요.
  ប្រហែលមួយអាទិត្យ។
  쁘러하엘 무어이 아뜻

- 어디에서 숙박하실 건가요?
  តើអ្នកនឹងស្នាក់នៅឯណា?
  따으 네악 능 스낙너우 아에나

- 힐튼 호텔에서 묵을 겁니다.
  ខ្ញុំនឹងស្នាក់នៅអូតែលហ៊ីលតុន។
  크뇸 능 스낙너우 오텔 힐튼

- 돌아가는 항공권을 보여주세요.
  ខ្ញុំសុំមើលសំបុត្រត្រលប់ទៅវិញបន្តិច។
  크뇸 쏨 머을 썸벗 뜨럴럽 떠우 윈 벤뗏

짐을 찾을 때

- 짐은 어디에서 찾나요?
  តើខ្ញុំត្រូវទៅរកឥវ៉ាន់នៅឯណា?
  따으 크뇸 뜨러우 떠우 록 에이완 너우 아에나

- 제 수하물은 어디에서 찾을 수 있죠?
  ខ្ញុំទៅយកឥវ៉ាន់នៅឯណា?
  크뇸 떠우 요옥 에이완 너우 아에나

- 제 짐이 보이지 않아요.
  ខ្ញុំរកឥវ៉ាន់ខ្ញុំមិនឃើញទេ។
  크뇸 록 에이완 크뇸 먼 커윈 떼

- 제 가방이 보이지 않아요.
  ខ្ញុំរកកាបូបខ្ញុំមិនឃើញទេ។
  크뇸 록 까봅 크뇸 먼 커윈 떼

세관을 통과할 때

- 여권과 세관 신고서를 주세요. សូមបង្ហាញលិខិតឆ្លងដែន និង លិខិតរាយការណ៍។
  써옴 벙하읜 리컷 출렁다엔 능 리컷 리어이까아

- 세관 신고서를 보여주시겠습니까? សូមបង្ហាញលិខិតរាយការណ៍។
  써옴 벙하읜 리컷 리어이까아

- 세관 신고할 물건이 있나요? តើអ្នកមានឥវ៉ាន់ត្រូវរាយការណ៍ទេ?
  따으 네악 미언 에̆이완 뜨러우 리어이까아 떼

- 아니 없습니다. ទេ។ អត់មានទេ។
  떼. 엇 미언 떼

환승할 때

- 저는 런던행 환승객입니다. ខ្ញុំជាអ្នកដំណើរដែលត្រូវប្តូរជើងទៅទីក្រុងឡុងដ៍។
  크뇸 찌어 네악 덤나으 다엘 뜨러우 쁘도 쯔응 떠우 띠끄롱 롱

- 갈아타는 곳이 어디인가요? តើកន្លែងប្តូរជើងយន្តហោះនៅឯណា?
  따으 껀라잉 쁘도 쯔응 욘허h 너우 아에나

- 경유시간은 얼마나 되나요? តើម៉ោងចាំមានរយៈពេលប៉ុន្មាន?
  따으 마옹 짬 미언 로예악뻴 뽄만

- 시드니행 환승 비행기를 놓쳤어요. ខ្ញុំខកយន្តហោះដែលត្រូវដូរជើងទៅស៊ីដនីហើយ។
  크뇸 커억 욘허h 다엘 뜨러우 도오 쯔응 떠우 시드니 하으이

환전할 때

- 환전소는 어디인가요? តើកន្លែងដូរលុយនៅឯណា?
  따으 껀라잉 도오 로이 너우 아에나

- 어디에서 환전하나요? តើខ្ញុំអាចដូរលុយនៅឯណាបាន?
  따으 크뇸 아앗 도오 로이 너우 아에나 바안

- 달러로 바꿔주세요. ខ្ញុំចង់ដូរលុយយកជាលុយដុល្លារ។
  크뇸 쩡 도오 로이 요옥 찌어 로이 달라

- 환전을 하고 싶은데요. ខ្ញុំចង់ដូរលុយ។
  크뇸 쩡 도오 로이

Unit 3 숙소에서 នៅកន្លែងស្នាក់នៅ

숙소에서 쓰는 표현 Best 3

- 체크인하고 싶은데요. ខ្ញុំចង់ឆែកអ៊ីន។
  크놈 쩡 체크인
- 아침 7시에 깨워주세요. សូមដាស់ខ្ញុំនៅម៉ោងប្រាំពីរព្រឹក។
  써옴 다h 크놈 너우 마옹 쁘람삐 쁘럭
- 아침 식사 시간은 몇 시예요? តើអាហារពេលព្រឹក ម៉ោងប៉ុន្មាន?
  따으 아하 뻴 쁘럭 마옹 뽄만

기본단어

입실 수속	ឆែកអ៊ីន 체크인	퇴실 수속	ឆែកអៅ 체크아웃
예약	កក់ 꺽	보증금	ប្រាក់កក់ 쁘락 꺽
성수기	ខែមានភ្ញៀវច្រើន 카에 미언 프니어우 쯔라은	비수기	ខែមានភ្ញៀវតិច 카에 미언 프니어우 뗏
손님	ភ្ញៀវ 프니어우	청구서	បុងគិតលុយ 봉끗로이
봉사료	ថ្លៃសេវាកម្ម 틀라이 쎄와깜	세탁물	របស់សំរាប់បោក 로버h 썸으랍 바옥
영수증	វិក័យប័ត្រ 위까이어밧	입구	ច្រកចេញ 쯔럭 쩨인
비상구	ច្រកចេញបន្ទាន់ 쯔럭 쩨인 번또안	예약 확인서	សំបុត្រកក់ 썸벗 꺽
숙박 카드	កាតបន្ទប់ស្នាក់នៅ 깟 번똡 스낙너우	귀중품 보관소	កន្លែងរក្សាវត្ថុមានតម្លៃ 껀라잉 레악사 왓토 미언덤라이

숙소에서 많이 쓰는 핵심표현

체크인을 할 때

- 체크인하고 싶은데요. ខ្ញុំចង់ឆែកអ៊ីន។
  크뇸 쩡 체크인
- 마샤 강으로 예약을 했습니다. ខ្ញុំកក់ក្រោមឈ្មោះម៉ាសា កាំង។
  크뇸 껵 끄라옴 츠무어h 마샤 강
- 이것이 예약 확인증이에요. នេះជាសំបុត្រកក់។
  니h 찌어 썸벗 껵

룸이 마음에 들지 않을 때

- 방이 마음에 들지 않아요. ខ្ញុំមិនពេញចិត្តបន្ទប់នេះទេ។
  크뇸 먼 뻬읜쩟 번똡 니h 떼
- 방을 바꿔주세요. ខ្ញុំចង់ដូរបន្ទប់។
  크뇸 쩡 도오 번똡
- 경치가 좋은 방을 주시면 좋겠어요. ខ្ញុំចង់បានបន្ទប់មានទេសភាព។
  크뇸 쩡바안 번똡 미언 떼서피업

모닝콜을 부탁할 때

- 아침 7시에 깨워주세요. សូមដាស់ខ្ញុំនៅម៉ោងប្រាំពីរព្រឹក។
  써옴 다h 크뇸 너우 마옹 쁘람삐 쁘럭
- 아침 7시에 모닝콜 해주세요. ខ្ញុំចង់បានការខលដាស់នៅម៉ោងប្រាំពីរព្រឹក។
  크뇸 쩡바안 까아 콜 다h 너우 마옹 쁘람삐 쁘럭
- 아침 7시에 모닝콜을 걸어주시겠어요? តើអាចខលដាស់ខ្ញុំនៅម៉ោងប្រាំពីរព្រឹកបានទេ?
  따으 아앗 콜 다h 크뇸 너우 마옹 쁘람삐 쁘럭 바안 떼

조식에 대해 문의할 때

- 아침 식사는 어디에서 하나요? តើញ៉ាំអាហារពេលព្រឹកនៅឯណា?
  따으 냠 아하 뻴 쁘럭 너우 아에나

- 아침 식사 시간은 몇 시예요? តើអាហារពេលព្រឹក ម៉ោងប៉ុន្មាន?
  따으 아하 뻴 쁘럭 마옹 뽄만
- 아침 식사가 나오나요? តើអាហារពេលព្រឹកចាប់ផ្តើម នៅម៉ោងប៉ុន្មាន?
  따으 아하 뻴 쁘럭 짭프다음 너우 마옹 뽄만
- 조식이 포함되어 있나요? តើបូករួមទាំងអាហារពេលព្រឹកទេ?
  따으 보옥 루엄 떼앙 아하 뻴 쁘럭 떼

물건을 갖다 달라고 할 때

- 비누 좀 갖다 주세요. សូមយកសាប៊ូឱ្យខ្ញុំ។
  써옴 요옥 싸부우 아오이 크뇸

- 타월을 더 주시겠어요? តើអាចឱ្យកន្សែងពោះគោថែមបានទេ?
  따으 아앗 아오이 껀싸엥 뿌어꼬오 타엠 바안 떼
- 베개 좀 더 갖다 주세요. ខ្ញុំចង់បានខ្នើយបន្ថែម។
  크뇸 쩡바안 크나으이 번타엠
- 화장지 좀 갖다 주세요. សូមយកក្រដាសអនាម័យឱ្យខ្ញុំបន្តិច។
  써옴 요옥 끄로다h 아나마이 아오이 크뇸 번뗏

Wi-Fi에 대해 물을 때

- 여기 와이파이 되나요? តើខ្ញុំអាចភ្ជាប់វ៉ាយហ្វាយនៅទីនេះបានទេ?
  따으 크뇸 아앗 프쪼압 와이 파이 너우 띠 니h 바안 떼

- 와이파이 비밀번호 뭐예요? តើលេខសម្ងាត់វ៉ាយហ្វាយប៉ុន្មានដែរ?
  따으 레익 썸응앗 와이 파이 뽄만 다에
- 와이파이를 연결해 주세요. សូមភ្ជាប់វ៉ាយហ្វាយឱ្យខ្ញុំបន្តិច។
  써옴 프쪼압 와이 파이 아오이 크뇸 번뗏
- 무료 와이파이가 있나요? តើអ្នកមានវ៉ាយហ្វាយឥតគិតថ្លៃទេ?
  따으 네악 미언 와이 파이 엇 끗 틀라이 떼

청소를 요청할 때

- 시트를 바꿔주세요.
  សូមដូរកម្រាល។
  써옴 도오 껌으라알

- 침대를 정돈해 주세요.
  សូមរៀបចំគ្រែ។
  써옴 리업쩜 끄래에

- 나가 있는 동안 방을 청소해 주세요.
  សូមសំអាតបន្ទប់ពេលខ្ញុំមិននៅ។
  써옴 썸앗 번똡 뻴 크뇸 먼 너우

- 제 방 청소가 아직 안 되었네요.
  បន្ទប់ខ្ញុំមិនទាន់សំអាតហើយទេ។
  번똡 크뇸 먼또안 썸앗 하으이 떼

세탁 서비스를 받고 싶을 때

- 세탁 서비스가 있나요?
  មានសេវាបោកអ៊ុតទេ?
  미언 쎄와 바옥 옷 떼

- 제 블라우스를 세탁해 주세요.
  ខ្ញុំចង់បោកអាវ។
  크뇸 쩡 바옥 아우

- 언제 다 됩니까?
  តើហើយពេលណា?
  따으 하으이 뻴 나

- 제 세탁물은 다 되었나요?
  តើបោកខោអាវខ្ញុំហើយឬនៅ?
  따으 바옥 카오아우 크뇸 하으이 르 너우

체크아웃할 때

- 체크아웃하려고요.
  ខ្ញុំចង់ឆែកអៅ។
  크뇸 쩡 체크아웃

- 체크아웃하고 싶은데요.
  ខ្ញុំចង់ឆែកអៅ។
  크뇸 쩡 체크아웃

- 몇 시에 체크아웃해야 하나요?
  តើខ្ញុំគួរឆែកអៅម៉ោងប៉ុន្មាន?
  따으 크뇸 꾸어 체크아웃 마옹 뽄만

- 체크아웃은 몇 시인가요?
  តើម៉ោងឆែកអៅម៉ោងប៉ុន្មាន?
  따으 마옹 체크아웃 마옹 뽄만

Unit 4 거리에서 នៅតាមផ្លូវ

거리에서 쓰는 표현 Best 3

- 힐튼 호텔로 가 주세요.
  សូមទៅអូតែលហ៊ីលតុន។
  써옴 떠우 오뗄 힐튼
- 거기까지 걸어갈 수 있나요?
  តើយើងអាចដើរទៅបានទេ?
  따으 여응 아앗 다으 떠우 바안 떼
- 박물관은 어디 있나요?
  តើសារមន្ទីរនៅឯណា?
  따으 싸락몬띠 너우 아에나

기본단어

인도	ផ្លូវដើរ 플러우 다으	차도	ផ្លូវឡាន 플러우 란
길	ផ្លូវ 플러우	도로 표지판	ស្លាកសញ្ញាចរាចរណ៍ 슬락 썬냐 쩌라쩌
신호등	ភ្លើងចរាចរណ៍ 플러응 쩌라쩌	지하철 갈아타는 곳	កន្លែងប្តូរជើងរថភ្លើងក្រោមដី 껀라잉 쁘도 쯔응 롯플러응 끄라옴 더이
매표소	កន្លែងលក់សំបុត្រ 껀라잉 루억 썸벗	예정대로	តាមកំណត់ 따암 껌넛
급행열차	រថភ្លើងល្បឿនលឿន 롯플러응 러브언르언	편도	ការធ្វើដំណើរទៅ 까아 트워 덤나으 떠우
승객	អ្នកដំណើរ 네악 덤나으	왕복	ការធ្វើដំណើរទៅមក 까아 트워 덤나으 떠우 모옥
주의	ការប្រុងប្រយ័ត្ន 까아 쁘롱쁘러얏	위험	គ្រោះថ្នាក់ 끄루어h트낙
주차금지	ហាមចត 하암 쩌엇	주차장	កន្លែងចត 껀라잉 쩌엇

거리에서 많이 쓰는 핵심표현

길을 물을 때

- 실례합니다. 박물관에는 어떻게 가나요? អត់ទោស តើសារមន្ទីរទៅតាមផ្លូវណា?
  엇또h. 따으 싸락몬띠 떠우 따암 플러우 나
- 그곳에 어떻게 가는지 알려주세요. សូមជួយប្រាប់ផ្លូវខ្ញុំផង។
  써옴 쭈어이 쁘랍 플러우 크뇸 퍼엉
- 지하철까지 이 길로 가면 되나요? តើនេះជាផ្លូវទៅស្ថានីយ៍រថភ្លើងក្រោមដីមែនទេ?
  따으 니h 찌어 플러우 떠우 스타니 롯플러응 끄라옴 더이 멘 떼

장소를 찾을 때

- 공중 화장실은 어디에 있어요? តើបង្គន់សាធារណៈនៅឯណា?
  따으 벙꼰 싸티어러낙 너우 아에나
- 박물관은 어디인가요? តើសារមន្ទីរនៅឯណា?
  따으 싸락몬띠 너우 아에나
- 백화점은 어디인가요? តើផ្សារទំនើបនៅឯណា?
  따으 프싸 똠너읍 너우 아에나

소요 시간을 물을 때

- 여기에서 가까운가요? តើវានៅជិតទីនេះទេ?
  따으 위어 너우 쯧 띠 니h 떼
- 거기까지 걸어갈 수 있나요? តើយើងអាចដើរទៅបានទេ?
  따으 여응 아앗 다으 떠우 바안 떼
- 시간이 어느 정도 걸리나요? តើចំនាយពេលប្រហែលប៉ុន្មានដែរ?
  따으 쩜나이 뻴 쁘러하엘 뽄만 다에

길을 잃었을 때

- 길을 잃었어요. 도와주세요. ខ្ញុំវង្វេងផ្លូវហើយ។សូមជួយខ្ញុំផង។
  크놈 웡웽 플러우 하으이. 써옴 쭈어이 크놈 퍼엉

- 실례합니다. 제가 지금 있는 곳이 지도에서 어디인가요? អត់ទោស តើខ្ញុំនៅទីតាំងណានៅលើផែនទី?
  엇또h. 따으 크놈 너우 띠 땅 나 너우 러으 파엔띠
- 길을 잘못 들었어요. 여기가 어디예요? យើងមកខុសផ្លូវហើយ។ ទីនេះ ជាកន្លែងណា?
  여응 모옥 코h 플러우 하으이. 띠 니h 찌어 껀라잉 나
- 저는 지하철을 찾고 있어요. ខ្ញុំរកស្ថានីយ៍រថភ្លើងក្រោមដី។
  크놈 록 스타니 롯플러응 끄라옴 더이

상대방이 길을 물어볼 때

- 미안합니다. 저도 모릅니다. សុំទោស ខ្ញុំក៏មិនដឹងដែរ។
  쏨또h. 크놈 꺼 먼 덩 다에

- 관광객이라 저도 잘 모릅니다. ខ្ញុំមិនដឹងទេ ព្រោះខ្ញុំជាអ្នកទេសចរណ៍។
  크놈 먼 덩 떼 쁘루어 크놈 찌어 네악 떼써쩌
- 다른 사람에게 물어 보시죠. សាកសួរអ្នកផ្សេងមើល៍។
  싸악 쑤어 네악 프세잉 머을

버스를 탈 때

- 버스 정류장은 어디인가요? តើចំណតឡានក្រុងនៅឯណា?
  따으 쩜너엇 란 끄롱 너우 아에나

- 어떤 버스가 시내로 가나요? តើឡានមួយណា ទៅទីប្រជុំជន?
  따으 란 무어이 나 떠우 띠쁘러쭘쫀
- 버스 시간표를 주시겠어요? តើអាចឱ្យខ្ញុំសុំកាលវិភាគឡានបានទេ?
  따으 아앗 아오이 크놈 쏨 깔위피억 란 바안 떼
- 이 버스 시내로 가나요? តើឡាននេះទៅទីប្រជុំជនទេ?
  따으 란 니h 떠우 띠쁘러쭘쫀 떼

지하철을 탈 때

- 이 근처에 지하철역이 있나요? តើនៅម្តុំនេះមានស្ថានីយ៍រថភ្លើងក្រោមដីទេ?
  따으 너우 머돔 니h 미언 스타니 롯플러응 끄라옴 더이 떼
- 몇 호선이 공항 가나요? តើខ្សែលេខប៉ុន្មានទៅព្រលានយន្តហោះ?
  따으 크사에 레익 뽄만 떠우 쁘롤리언 욘허h
- 자동 매표기는 어디 있나요? តើម៉ាស៊ីនទិញសំបុត្រនៅឯណា?
  따으 마씬 떼인 썸벗 너우 아에나
- 가장 가까운 지하철역까지 거리가 얼마나 되나요? តើស្ថានីយ៍រថភ្លើងដែលជិតជាងគេ នៅឆ្ងាយប៉ុណ្ណា?
  따으 스타니 롯플러응 끄라옴 더이 쯧 찌응께 너우 층아이 뽄나

지하철을 탔을 때

- 갈아타야 해요? តើខ្ញុំត្រូវប្តូរជើងទេ?
  따으 크뇸 꾸어 쁘도 쯔응 떼
- 어디에서 갈아타야 해요? តើខ្ញុំត្រូវប្តូរជើងនៅឯណា?
  따으 크뇸 꾸어 쁘도 쯔응 너우 아에나
- 이거 시청에 가나요? តើនេះទៅសាលាក្រុង មែនទេ?
  따으 니h 떠우 끄롱 쌀라끄롱 멘 떼
- 다음이 채링크로스 역인가요? តើចំណតបន្ទាប់ ជាចំណតឆែរីង ក្រូស ឬ?
  따으 쩜너엇 번또압 찌어 쩜너엇 채링 크로̆스 르

택시를 탈 때

- 택시 승강장은 어디인가요? តើចំណតឡានតាក់ស៊ីនៅឯណា?
  따으 쩜너엇 란 딱시 너우 아에나
- 어디에서 택시를 탈 수 있어요? តើកន្លែងណាមានតាក់ស៊ី?
  따으 껀라잉 나 미언 딱시
- 트렁크를 열어주시겠어요? តើអាចបើកគូថឡានឱ្យខ្ញុំបន្តិច បានទេ?
  따으 아앗 바욱 꾸엇 란 번뗏 아오이 크뇸 바안 떼
- 이 주소로 가 주세요. សូមទៅតាមអាស័យដ្ឋាននេះ។
  써옴 떠우 따암 아싸이어탄 니h

Unit 5 관광지에서 នៅកន្លែងទេសចរណ៍

관광지에서 쓰는 표현 Best 3

- 이 도시에서 가장 유명한 것은 무엇인가요? តើទីក្រុងនេះ មានអ្វីល្បីជាងគេ?
  따으 띠끄롱 니h 미언 어워이 러바이 찌응께
- 입장료는 얼마인가요? តើតម្លៃសំបុត្រចូលប៉ុន្មាន?
  따으 덤라이 썸벗 쪼올 뽄만
- 여기에서 사진을 찍어도 되나요? តើខ្ញុំអាចថតរូបនៅទីនេះ បានទេ?
  따으 크뇸 아앗 터엇 루웁 너우 띠 니h 반 떼

기본표현

여행	ដំណើរកំសាន្ត	덤나으 껌산
관광객	ភ្ញៀវទេសចរណ៍	프니어우 떼써쩌
관광	ការដើរលេង	까아 다을레잉
시내 관광	ការដើរមើលក្រុង	까아 다으 머을 끄롱
반나절	កន្លះថ្ងៃ	껀라h 틍아이
하루	ពេញមួយថ្ងៃ	뻬인 무어이 틍아이
당일 여행	ដំណើរកំសាន្តពេញមួយថ្ងៃ	덤나으 껌산 뻬읜 무어이 틍아이
추천하다	ណែនាំ	나에노암
관광명소	កន្លែងទេសចរណ៍ល្បី	껀라잉 떼써쩌 러바이
입장료	តម្លៃសំបុត្រចូល	덤라이 썸벗
전망대	កន្លែងមើលទេសភាព	껀라잉 머을 떼써피읍
계속되다	បន្ត	번떠
기념품	វត្ថុអនុស្សាវរីយ៍	왓토 아누싸워리
기념품점	ហាងលក់វត្ថុអនុស្សាវរីយ៍	하앙 루억 왓토 아누싸워리
줄	ជួរ	쭈어
인상적인	គួរឱ្យចាប់អារម្មណ៍	꾸어 아오이 짭아럼

관광지에서 많이 쓰는 핵심표현

관광 안내소에서

- 무료 지도가 있나요? តើមានផែនទីឥតគិតថ្លៃទេ?
  따으 미언 파엔띠 엇 끗로이 떼
- 관광 정보가 필요합니다. ខ្ញុំចង់ដឹងពត៌មានទាក់ទងនឹងទេសចរណ៍។
  크놈 쩡 덩 뽀아러미언 떼악또옹 능 떼써쩌
- 런던 시내를 관광하고 싶은데요. ខ្ញុំចង់ដើរមើលទីក្រុងឡុងដ៍។
  크놈 쩡 다으 머울 띠끄롱 롱

관광 정보를 수집할 때

- 이 도시에서 가장 유명한 것은 무엇인가요? តើទីក្រុងនេះ មានអ្វីល្បីជាងគេ?
  따으 띠끄롱 니h 미언 어워이 러바이 찌응께
- 갈 만한 곳을 추천해 주시겠어요? តើអ្នកអាចណែនាំ ទីកន្លែងដែលគួរឱ្យចាប់អារម្មណ៍ផងបានទេ?
  따으 네악 아앗 나에노암 띠 껀라잉 다엘 꾸어 아오이 짭아럼 퍼엉 바안 떼
- 이 도시의 관광명소에는 어떤 것이 있나요? ក្នុងទីក្រុងនេះ តើកន្លែងទេសចរណ៍ណាល្បីជាងគេ?
  크농 띠끄롱 니h 따으 껀라잉 떼써쩌 나 러바이 찌응께

입장료를 물을 때

- 입장료는 얼마인가요? តើតម្លៃសំបុត្រចូលប៉ុន្មាន?
  따으 덤라이 썸벗 쪼올 뽄만
- 한 사람당 얼마인가요? តើមនុស្សម្នាក់ តម្លៃប៉ុន្មាន?
  따으 머누h 므네악 덤라이 뽄만
- 어른 2장, 아이 1장 주세요. មនុស្សចាស់ ២សន្លឹក និងក្មេងមួយ។
  머누h 짜h 삐 썬럭 능 크메잉 무어이

투어 프로그램을 이용할 때

- 관광 버스 투어가 있나요? តើមានឡានជិះសម្រាប់មើលទីក្រុងទេ?
  따으 미언 란 찌h 썸으랍 머을 띠끄롱 떼

- 시간이 얼마나 걸리나요? តើត្រូវចំណាយពេលយូរប៉ុណ្ណា?
  따으 뜨러우 쩜나이 뻴 유 뽄나

- 투어는 매일 있나요? តើអ្នកមានដំណើរកំសាន្តរាល់ថ្ងៃទេ?
  따으 네악 미언 덤나으 껌싼 로알 텅아이 떼

- 오전 투어가 있나요? តើមានដំណើរកំសាន្តពេលព្រឹកទេ?
  따으 미언 덤나으 껌싼 뻴 쁘럭 떼

- 야간 관광은 있나요? តើមានដំណើរកំសាន្តពេលយប់ទេ?
  따으 미언 덤나으 껌싼 뻴 욥 떼

- 몇 시에 떠나요? តើចេញម៉ោងប៉ុន្មាន?
  따으 쩨읜 마옹 뽄만

- 어디에서 출발하나요? តើចេញដំណើរនៅឯណា?
  따으 쩨읜 덤나으 너우 아에나

관광을 하면서

- 여기에 누가 살았었나요? តើនរណារស់នៅទីនេះ ពីមុន?
  따으 노나 루어h 너우 띠 니h 삐 몬

- 언제 지어진 건가요? តើវាសាងឡើងក្នុងពេលណា?
  따으 위어 쌍 라응 크농 뻴 나

- 저 건물은 무엇인가요? តើអគារនោះ ជាអគារអ្វី?
  따으 아끼어 누h 찌어 아끼어 어워이

- 높이는 어느 정도인가요? តើវាមានកម្ពស់ប៉ុន្មាន?
  따으 위어 미언 껌뿌어 뽄만

- 몇 년이나 된 건가요? តើវាមានអាយុកាលប៉ុន្មានហើយ?
  따으 위어 미언 아육 까알 뽄만 하으이

투어 버스 안에서

- 자유 시간은 있나요? តើយើងមានសល់ពេលទំនេរទេ?
  따으 여응 미언 썰 뻴 똠네에 떼
- 여기에서 얼마나 있나요? តើយើងនៅទីនេះ យូរប៉ុណ្ណា?
  따으 여응 너우 띠 니h 유 뽄나
- 몇 시에 돌아오나요? តើពេលណាយើងត្រលប់មកវិញ?
  따으 뻴 나 여응 뜨럴럽 떠우 윈
- 시간은 어느 정도 있나요? តើយើងមានពេលប៉ុណ្ណា?
  따으 여응 미언 뻴 뽄나

촬영을 부탁할 때

- 사진을 찍어주시겠어요? តើអ្នកអាចជួយថតរូបឱ្យយើងបានទេ?
  따으 네악 아앗 쭈어이 터엇 루읍 아오이 여응 바안 떼
- 여기서 제 사진 좀 찍어주세요. សូមជួយថតឱ្យខ្ញុំនៅទីនេះបន្តិច។
  써옴 쭈어이 터엇 아오이 크뇸 너우 띠 니h 번뗏
- 이 버튼을 누르세요. សូមចុចប៊ូតុងនេះ។
  써옴 쪼잇 부똥 니h
- 한 장 더 부탁합니다. សុំមួយសន្លឹកទៀត។
  쏨 무어이 썬럭 띠읏

촬영을 허락받을 때

- 여기에서 사진을 찍어도 되나요? ខ្ញុំអាចថតរូបនៅទីនេះបានទេ?
  크뇸 아앗 터엇 루읍 너우 띠 니h 바안 떼
- 플래시를 써도 되나요? តើខ្ញុំអាចប្រើហ្វ្លាស់បានទេ?
  따으 크뇸 아앗 쁘라으 플래시 바안 떼
- 비디오를 찍어도 되나요? តើខ្ញុំអាចថតវីដេអូបានទេ?
  따으 크뇸 아앗 터엇 비데오 바안 떼
- 당신 사진을 찍어도 되나요? តើខ្ញុំអាចថតរូបអ្នកបានទេ?
  따으 크뇸 아앗 터엇 루읍 네악 바안 떼

Unit 6

식당에서 នៅភោជនីយដ្ឋាន

식당에서 쓰는 표현 Best 3

- 주문하시겠습니까? សូមកម្ម៉ង់។?
  써옴 끄멍
- 스테이크 2인분 주세요. សុំសាច់ស្តេកសម្រាប់មនុស្សពីរនាក់។
  쏨 쌎 스테이크 썸으랍 머누h 삐 네악
- 소금 좀 갖다 주시겠어요? សុំអំបិលបន្តិច។?
  쏨 엄벌 번뗏

기본단어

레스토랑	ភោជនីយដ្ឋាន 포쩨아니어탄	주문	កម្ម៉ង់ 끄멍
식사	អាហារ 아하	요리	ម្ហូប 머홉
접시	ចាន 짜안	젓가락	ចង្កឹះ 쩡꺼h
예약석	តុកក់ 똑 꺽	봉사료	ថ្លៃសេវាកម្ម 틀라이 세와깜
소금	អំបិល 엄벌	설탕	ស្ករ 쓰꺼
후추가루	ម្រេច 머레잇	식초	ទឹកខ្មេះ 뜩 크메h
매운	ហឹរ 헐	싱거운	សាប 싸압
짠	ប្រៃ 쁘라이	달콤한	ផ្អែម 빠엠

식당에서 많이 쓰는 **핵심표현**

식당을 찾을 때

- 식당을 찾고 있는데요. ខ្ញុំចង់រកភោជនីយដ្ឋាន។
  크놈 쩡 록 포쩨아니어탄

- 가장 가까운 식당은 어디인가요? តើភោជនីយដ្ឋានជិតជាងគេ នៅឯណា?
  따으 포쩨아니어탄 쯧 찌응께 너우 아에나
- 이 시간에 문을 연 식당이 있나요? តើមានភោជនីដ្ឋានណាបើកថ្មើរនេះទេ?
  따으 미언 포쩨아니어탄 나 바옥 트마으 니h 떼
- 가벼운 식사를 하고 싶은데요. ខ្ញុំចង់ញ៉ាំអាហារបែបងាយៗ។
  크놈 쩡 냠 아하 바엡 응이어이 응이어이
- 근처에 한국 식당이 있나요? តើមានភោជនីយដ្ឋានកូរ៉េនៅក្បែរនេះទេ?
  따으 미언 포쩨아니어탄 꼬레 너우 끄바에 니h 떼

식당을 예약할 때

- 예약이 필요한가요? តើអ្នកត្រូវការកក់ទុកមុនទេ?
  따으 네악 뜨로우 까아 꺽 똑 몬 떼

- 오늘 밤 7시에 세 사람 자리를 예약하고 싶습니다. ខ្ញុំចង់កក់តុសម្រាប់មនុស្សបីនាក់នៅម៉ោងប្រាំពីរយប់នេះ។
  크놈 쩡 꺽똑 썸으랍 머누h 버이 네악 너우 마옹 쁘람삐 욥 니h
- 복장 규제가 있나요? តើត្រូវស្លៀកពាក់យ៉ាងម៉េចទៅ?
  따으 뜨로우 슬리억삐악 양메잇 떠우
- 일행이 몇 분인가요? តើពិធីជប់លៀង មានមនុស្សចូលរួមប៉ុន្មាននាក់?
  따으 삐티쫍리엉 미언 머누h 쪼올루엄 뽄만 네악
- 금연석으로 부탁합니다. ខ្ញុំចង់បានតុកន្លែងគ្មានផ្សែងបារី។
  크놈 쩡바안 똑 껀라잉 크미언 프싸잉바러이
- 예약을 취소하고 싶습니다. ខ្ញុំចង់លុបការកក់។
  크놈 쩡 롭 까아꺽

주문할 때

- 주문하시겠어요? សូមកម្ម៉ង់។?
  써옴 끄멍

- 이제 주문하겠어요. ខ្ញុំចង់កម្ម៉ង់។
  크뇸 쩡 끄멍
- 스테이크 2인분 주세요. សុំស្តេកសម្រាប់មនុស្សពីរនាក់។
  쏨 스테이크 썸으랍 머누h 삐 네악
- 스테이크는 어떻게 해 드릴까요? តើអ្នកចង់បានស្តេករបៀបណា?
  따으 네악 쩡바안 스테이크 로비업 나아
- 잘 익혀주세요. ខ្ញុំយកឆ្អិនល្អ។
  크뇸 요옥 쩌언 러어
- 어떤 음식을 추천해 주실 건가요? តើនៅទីនេះ ម្ហូបអ្វីឆ្ងាញ់ជាងគេ?
  따으 너우 띠 니h 머홉 어워이 층얀 찌응께
- 점심 특선은 무엇인가요? តើមានម្ហូបពិសេសសម្រាប់អាហារថ្ងៃត្រង់ទេ?
  따으 미언 머홉 삐세h 썸으랍 아하 틍아이 뜨렁 떼
- 음료는 무엇으로 하시겠습니까? តើអ្នកយកភេសជ្ជៈអ្វី?
  따으 네악 요옥 페스찌악 어워이
- 아니, 됐어요. 그냥 물만 주세요. ទេ អរគុណ។ ខ្ញុំយកទឹក។
  떼 어꾼. 크뇸 요옥 뜩
- 디저트는 뭐가 있어요? តើមានបង្អែមអ្វីខ្លះ?
  따으 미언 벙아엠 어워이 클라h

계산할 때

- 계산서 주세요. សូមគិតលុយ។
  써옴 끗로이

- 제가 살게요. ទុកខ្ញុំចេញ។
  똑 크뇸 쩨인
- 신용카드로 해도 되나요? តើយកកាតឥណទានទេ?
  따으 요옥 깟 언너띠언 떼
- 물론입니다. 여기에 서명해 주세요. បាទ សូមស៊ីញ៉េរ នៅទីនេះ។
  바앗, 써옴 씨녜 너우 띠 니h

패스트푸드점에서 주문할 때

- 햄버거와 콜라주세요.
  ខ្ញុំយកហាំប៊ឺហ្គឺ និងកូកាកូឡាមួយ។
  크놈 요옥 햄버거 능 꼬까꼴라 무어이

- 여기서 드시나요? 아니면 포장해 드릴까요?
  តើអ្នកញ៉ាំនៅទីនេះឬក៏ខ្ចប់?
  따으 네악 냠 너우 띠 니h 르 꺼 크쩌업

- 포장해 주세요.
  សូមខ្ចប់។
  써옴 크쩌업

- 어떤 사이즈로 하시겠습니까?
  តើអ្នកយកទំហំប៉ុណ្ណា?
  따으 네악 요옥 똠홈 뽄나

- 중간 사이즈로 주세요.
  ខ្ញុំយកទំហំកណ្ដាល។
  크놈 요옥 똠홈 껀달

- 리필해 주세요.
  តើខ្ញុំអាចរីហ្វៀល បានទេ
  따으 크놈 아앗 리필 바안 떼

주문 요리에 문제가 있을 때

- 주문한 게 아직 안 나왔는데요.
  អ្វីដែលខ្ញុំកម្ម៉ង់ អត់ទាន់បានទេ។
  어워이 다엘 크놈 끄멍 엇또안 바안 떼

- 얼마나 기다려야 하나요?
  តើខ្ញុំត្រូវចាំដល់ពេលណា?
  따으 크놈 뜨러우 짬 덜 뻴 나

- 커피 두 잔 주문했는데요.
  ខ្ញុំកម្ម៉ង់កាហ្វេពីរកែវ។
  크놈 끄멍 까페 삐 까에우

- 주문을 확인해 주시겠어요?
  សូមពិនិត្យការកម្ម៉ង់ខ្ញុំបន្តិច។?
  써옴 삐늣 까아끄멍 크놈 번뗏

- 다른 요리가 나왔어요.
  ម្ហូបចេញខុសតុហើយ។
  머홉 쩨읜 코h 뚝 하으이

- 이것은 제가 주문한 게 아니에요.
  នេះមិនមែនជាអ្វីដែលខ្ញុំកម្ម៉ង់ទេ។
  니h 먼 멘 찌어 어워이 다엘 크놈 끄멍 떼

- 차가 식었어요.
  តែខ្ញុំត្រជាក់អស់ហើយ។
  따에 크놈 뜨러찌악 어h 하으이

- 이 요리를 데워주세요.
  សូមកំដៅម្ហូបឱ្យខ្ញុំបន្តិច។
  써옴 껌다으 머홉 아오이 크놈 번뗏

Unit 7 상점에서 នៅហាងលក់ទំនិញ

상점에서 쓰는 표현 Best 3

- 어서 오세요. — សូមស្វាគមន៍។ 써옴 쓰와꼼
- 그냥 좀 둘러보고 있어요. — ខ្ញុំគ្រាន់តែមើលទេ។ 크뇸 끄로안따에 머을 떼
- 다른 것을 보여주세요. — តើមានរបស់ផ្សេងទេ 따으 미언 로버h 프쎄잉 떼

기본단어

선물 가게	ហាងកាដូ 하앙 까도오	보석 가게	ហាងគ្រឿងអលង្ការ 하앙 끄르엉 알랑까아
할인 가게	ហាងបញ្ចុះតម្លៃ 하앙 반쪼h 덤라이	편의점	ផ្សារទំនើប 프사 똠너읍
종이 봉지	ថង់ក្រដាស់ 터엉 끄로다h	비닐 봉지	ថង់ប្លាស្ទិច 터엉 플라스떼잇
계산원	អ្នកគិតលុយ 네악 끗로이	점원	អ្នកលក់ 네악 루억
면	កប្បាស 까바h	가죽	ស្បែក 스바익
헐렁한	រលុង 롤롱	목걸이	ខ្សែក 크싸에꺼
귀걸이	ក្រវិល 끄로윌	반지	ចិញ្ចៀន 쩬찌언
팔찌	កងដៃ 껑다이	브로치	កន្លាស់អាវ 껀라h아우

상점에서 많이 쓰는 핵심표현

쇼핑센터를 찾을 때

- 쇼핑센터는 어느 방향인가요? តើមជ្ឈមណ្ឌលទិញទំនិញនៅខាងណា?
  따으 머체악먼돌 떼읜 똠네읜 너우 캉 나
- 쇼핑몰은 어디인가요? តើមជ្ឈមណ្ឌលទិញទំនិញនៅខាងណា?
  따으 머체악먼돌 떼읜 똠네읜 너우 캉 나
- 쇼핑가는 어디에 있나요? កន្លែងទិញទំនិញនៅឯណា?
  껀라잉 떼읜 똠네읜 너우 아에나

가게를 찾을 때

- 편의점을 찾고 있는데요. ខ្ញុំចង់រកផ្សារទំនើប។
  크뇸 쩡 록 프싸 똠너읍
- 이 주변에 할인 가게가 있나요? តើមានហាងបញ្ចុះតំលៃនៅក្បែរនេះទេ?
  따으 미언 하앙 반쪼h 덤라이 너우 끄바에 니h 떼
- 운동화는 어디서 사나요? តើគេលក់ស្បែកជើងប៉ាត់តានៅឯណា?
  따으 께 루억 스바익 쯔응 빳따 너우 아에나

가게에 들어섰을 때

- 어서 오세요. តើមានអ្វីឱ្យខ្ញុំជួយទេ
  따으 미언 어워이 아오이 크뇸 쭈어이 떼
- 좀 둘러봐도 되나요? ខ្ញុំអាចដើរមើល បានទេ?
  크뇸 아앗 다으 머을 바안 떼
- 그냥 좀 둘러보고 있어요. ខ្ញុំគ្រាន់តែដើរមើលទេ។
  크뇸 끄로안따에 다으 머을 떼

사고 싶은 물건을 찾을 때

- 스카프가 있나요? តើមានលក់កន្សែងទេ? 따으 미언 루억 껀사엥 떼
- 선글라스를 찾고 있어요. ខ្ញុំចង់ទិញវ៉ែនតាការពារកំដៅថ្ងៃ។ 크놈 쩡 떼인 와엔따 까아삐어 껌다으 틍아이
- 가장 인기 있는 건 무엇인가요? តើអ្វីដែលពេញនិយមជាងគេ? 따으 어워이 다엘 뻬읜니요옴 찌응께
- 기념품으로 좋은 게 있나요? តើមានអ្វី សម្រាប់ធ្វើជាវត្ថុអនុស្សាវរីយ៍ទេ? 따으 미언 어워이 썸으랍 트뷔 찌어 왓토 아누싸워리 떼

물건을 보고 싶을 때

- 그걸 봐도 될까요? តើខ្ញុំអាចសុំមើលបានទេ? 따으 크놈 아앗 쏨 머을 바안 떼
- 저것 좀 보여주세요. សូមបង្ហាញមួយនោះបានទេ 써옴 벙하읜 무어이 누h 바안 떼
- 이거 입어봐도 되나요? ខ្ញុំអាចសាកលមួយនេះបានទេ? 크놈 아앗 싸악로 무어이 니h 바안 떼
- 좀 더 작은 것이 있나요? តើមានទំហំតូចជាងនេះទេ? 따으 미언 똠험 또잇 찌응 니h 떼

다른 물건을 찾을 때

- 다른 것은 없어요? តើខ្ញុំអាចមើលទំនិញផ្សេងទៀតបានទេ? 따으 크놈 아앗 머을 똠네읜 프쎄잉 띠읏 바안 떼
- 다른 것을 보여주세요. ខ្ញុំសុំមើលរបស់ផ្សេងទៀត។ 크놈 쏨 머을 로버h 프쎄잉 띠읏
- 좀 더 큰 것을 보여주시겠어요? តើមានទំហំធំជាងនេះទេ? 따으 미언 똠홈 톰 찌응 니h 떼
- 이 제품으로 다른 치수는 없어요? តើមានទំហំផ្សេងទេ? 따으 미언 똠홈 프쎄잉 떼

물건을 사지 않고 나올 때

- 좀 더 둘러보고 올게요. ខ្ញុំដើរមើលសិន។ ចាំខ្ញុំត្រលប់មកវិញ។
  크놈 다으 머을 썬. 짬 크놈 뜨럴럽 모옥 윈

- 다음에 다시 올게요. ពេលក្រោយ ខ្ញុំមកម្តងទៀត។
  뻴 끄라오이 크놈 모옥 머덩 띠언

- 제가 찾던 것이 아니에요. វាមិនមែនជាអ្វីដែលខ្ញុំចង់រកទេ។
  위어 먼 맨 찌어 어워이 다엘 크놈 쩡 록 떼

- 미안합니다만 마음에 들지 않아요. សុំទោស តែខ្ញុំមិនពេញចិត្តទេ។
  쏨 또h. 따에 크놈 먼 빼읜쪗 떼

품질에 대해 물을 때

- 이것은 수제품인가요? វាធ្វើដោយដៃ មែនទេ?
  위어 트워 다오이 다이 멘 떼

- 품질은 좋은가요? តើវាមានគុណភាពល្អទេ?
  따으 위어 미언 꼰너피읍 러어 떼

- 품질이 나쁘네요. គុណភាពវាមិនល្អទេ។
  꼰너피읍 위어 먼 러어 떼

- 재질은 무엇인가요? តើវាធ្វើពីអ្វី?
  따으 위어 트워 삐 어워이

가격을 물을 때

- 얼마예요? តម្លៃប៉ុន្មាន?
  따으 뜰라이 뽄만

- 그거 얼마예요? តើវាថ្លៃប៉ុន្មាន?
  따으 위어 틀라이 뽄만

- 몇 퍼센트 할인해요? តើបញ្ចុះតម្លៃប៉ុន្មានភាគរយ?
  따으 반쪼h 덤라이 뽄만 피억로이

- 세일은 언제부터 하나요? តើពេលណាបញ្ចុះតម្លៃ?
  따으 뻴나 반쪼h 덤라이

Unit 8 공공기관에서 នៅស្ថាប័នសាធារណៈ

공공기관에서 쓰는 표현 Best 3

- 배가 아파요.
  ខ្ញុំឈឺពោះ។
  크놈 츠 뿌어h
- 여기에서 환전할 수 있나요?
  តើខ្ញុំអាចដូរលុយនៅទីនេះបានទេ?
  따으 크놈 아앗 도오 로이 너우 띠 니h 바안 떼
- 보통 우편으로 보내주세요.
  ខ្ញុំចង់ផ្ញើតាមបញ្ញើធម្មតា។
  크놈 쩡 프냐으 땀 바읜냐으 토아마다

기본단어

소포	កញ្ចប់	깐쩝
우표	តែម	따엠
우체통	ប្រអប់សំបុត្រ	쁘러업 썸벗
우편 요금	តម្លៃផ្ញើ	덤라이 프냐으
보통 우편	បញ្ញើធម្មតា	바읜냐으 토아마다
지폐	ក្រដាសប្រាក់	끄로다h 쁘락
동전	កាក់	깍
신용카드	កាតឥណទាន	깟 언너띠언
신분증	អត្តសញ្ញាណប័ត្រ	앗따싼니언너반
환율	ហាងឆេងប្តូរប្រាក់	하앙체잉 쁘도 쁘락
환전 수수료	ថ្លៃសេវាកម្ម	틀라이 세와깜
현금자동지급기	ទូអេធីអឹម	뚜우 에티엠
입금하다	ដាក់ប្រាក់	닥 쁘락
출금하다	ដកប្រាក់	덕 쁘락
서명	ស៊ីញ៉េរ	씨녜
잔고	សមតុល្យ	썸머똘

공공기관에서 많이 쓰는 핵심표현

우체국을 찾을 때

- 우체국은 어디에 있나요?
  តើប្រៃសនីយ៍នៅឯណា?
  따으 쁘라이써니 너우 아에나

- 우표는 어디서 사나요?
  តើទិញតែមនៅឯណា?
  따으 떼읜 따엠 너우 아에나

- 우체통은 어디에 있나요?
  តើប្រអប់សំបុត្រនៅឯណា?
  따으 쁘러업 썸벗 너우 아에나

편지를 보낼 때

- 우표를 사고 싶은데요.
  ខ្ញុំចង់ទិញតែម។
  크뇸 쩡 떼읜 따엠

- 이거 우편요금이 얼마예요?
  តើតម្លៃផ្ញើ អស់ប៉ុន្មាន?
  따으 덤라이 프냐으 어h 뽄만

- 보통 우편으로 보내주세요.
  ខ្ញុំចង់ផ្ញើតាមបញ្ញើធម្មតា។
  크뇸 쩡 프냐으 따암 바읜냐으 토아마다

소포를 보낼 때

- 이 소포를 한국에 보내고 싶어요.
  ខ្ញុំចង់ផ្ញើកញ្ចប់នេះទៅកូរ៉េ។
  크뇸 쩡 프냐으 쁘러업 니h 떠우 꼬레

- 이것을 보내는 데 얼마예요?
  បើផ្ញើរបស់នេះ អស់តម្លៃប៉ុន្មាន?
  바으 프냐으 로버h 니h 어h 덤라이 뽄만

- 소포용 박스가 있어요?
  តើមានសំបកកេសទេ?
  따으 미언 썸버억 께h 떼

은행에서

- 통장을 만들고 싶어요. ខ្ញុំចង់ធ្វើសៀវភៅធនាគារ។ 크놈 쩡 트워 씨우퍼우 터니어끼어

- 현금카드를 만들어주세요. ខ្ញុំចង់ធ្វើកាតធនាគារ។ 크놈 쩡 트워 깟 터니어끼어
- 입금하려고요. ខ្ញុំចង់ដាក់លុយ។ 크놈 쩡 닥 로이
- 계좌 이체를 하고 싶습니다. ខ្ញុំចង់ផ្ទេរប្រាក់។ 크놈 쩡 프떼 쁘락
- 백 달러를 찾고 싶어요. ខ្ញុំចង់ដកលុយ១០០ ដុល្លារ។ 크놈 쩡 덕 로이 무어이 로이 돌라

환전할 때

- 여기에서 환전할 수 있나요? ខ្ញុំអាចដូរលុយនៅទីនេះបានទេ? 크놈 아앗 도오 로이 너우 띠 니h 바안 떼

- 어디에서 환전하나요? តើគេប្តូរប្រាក់បាននៅឯណា? 따으 께 쁘도 쁘락 너우 아에나
- 원화를 미국 달러로 바꾸고 싶어요. ខ្ញុំចង់ដូរលុយកូរ៉េយកដុល្លារអាមេរិច។ 크놈 쩡 도오 로이 꼬레 요옥 돌라 아메릭
- 오늘 환율은 어떻게 되죠? តើហាងឆេងប្តូរប្រាក់ថ្ងៃនេះយ៉ាងម៉េចដែរ? 따으 하앙체잉 쁘도 쁘락 양메잇 다에 틍아이 니h

카드에 문제가 있을 때

- 카드를 분실했어요. ខ្ញុំបាត់កាតហើយ។ 크놈 밧 깟 하으이

- 카드를 정지해 주시겠어요? តើអ្នកអាចលុបកាតខ្ញុំចោលបានទេ? 따으 네악 아앗 롭 깟 크놈 짜올 바안 떼
- 현금자동인출기에서 카드가 안 빠져요. កាតអត់ចេញពីទូរអេធីអឹម។ 깟 엇 쩨인 삐 뚜우 에티엠

도서관에서

- 무엇을 도와 드릴까요? តើមានអ្វីឱ្យខ្ញុំជួយទេ?
  따으 미언 어워이 아오이 크뇸 쭈어이 떼
- 모비 딕을 찾고 있어요. ខ្ញុំរកម៉ូប៊ី ឌីក។
  크뇸 록 모비 딕
- 이 책이 있는지 확인해 주세요. តើអាចរកសៀវភៅនេះឱ្យខ្ញុំបានទេ
  따으 아앗 록 씨우퍼우 니h 아오이 크뇸 바안 떼
- 책을 빌리려면 회원카드가 필요해요? ទាល់តែមានកាត ទើបខ្ញុំអាចខ្ចីសៀវភៅបាន មែនទេ?
  또알 따에 미언 깟 떠읍 크뇸 아앗 크쩨이 씨우퍼우 바안 멘 떼
- 도서관 회원카드가 없어요. ខ្ញុំអត់មានកាតបណ្ណាល័យទេ។
  크뇸 엇 미언 깟 번나라이 떼

병원에서

- 진찰을 받고 싶어요. ខ្ញុំចង់ជួបដុកទ័រ។
  크뇸 쩡 쭈업 독떠.
- 배가 아파요. ខ្ញុំឈឺពោះ។
  크뇸 츠 뿌어h
- 어디가 아프세요? ឈឺកន្លែងណា?
  츠 껀라잉 나
- 언제쯤 결과를 알 수 있어요? តើបានលទ្ធផលនៅពេលណា?
  따으 바안 랏터펄 너우 뻴 나
- 입원해야 해요? តើខ្ញុំត្រូវដេកពេទ្យទេ?
  따으 크뇸 뜨러우 데익 뻬엣 떼

미용실에서

- 파마를 하고 싶어요. ខ្ញុំចង់អ៊ុតសក់។
  크뇸 쩡 옷 썩
- 다듬기만 해 주세요. ខ្ញុំចង់តំរឹមសក់។
  크뇸 쩡 덤으럼 썩
- 헤어스타일을 바꾸고 싶어요. ខ្ញុំចង់ដូរស្តាយសក់។
  크뇸 쩡 도오 스타일 썩

Unit 9 문제가 생겼을 때 ពេលមានបញ្ហា

문제가 생겼을 때 쓰는 표현 Best 3

- 좀 더 천천히 말씀해 주세요. សូមនិយាយយឺតៗ។
  써옴 닉이어이 여읏여읏
- 긴급 상황입니다. វាគឺជាការបន្ទាន់។
  위어 끄 찌어 까아 번또안
- 구급차를 불러주세요. សូមជួយហៅឡានពេទ្យឱ្យខ្ញុំផង។
  써옴 쭈어이 하으 란 뻬엣 아오이 크놈 퍼엉

기본단어

응급 상황	ការបន្ទាន់ 까아 번또안	화장실	បន្ទប់ទឹក 번똡뜩
병원	មន្ទីរពេទ្យ 몬띠뻬엣	약국	ឱសថស្ថាន 아우썻쓰탄
경찰서	ប៉ុស្តិ៍ប៉ូលីស 뽀h 뽈리h	통역사	អ្នកបកប្រែ 네악 쁘라에
소매치기	ការបុកហោប៉ៅ 까아 복하오빠우	도둑	ចោរ 짜오
두통	ឈឺក្បាល 츠 끄발	치통	ឈឺធ្មេញ 츠 트메인
복통	ឈឺពោះ 츠 뿌어h	고통	ឈឺចាប់ 츠짭
데다	រលាក 롤리억	삐다	គ្រេច 끄레잇
부러지다	បាក់ 박	처방전	វេជ្ជបញ្ជា 위찌악바윈찌어

문제가 생겼을 때 많이 쓰는 핵심표현

의사소통이 되지 않을 때

- 영어를 할 줄 몰라요. — ខ្ញុំមិនចេះភាសាអង់គ្លេសទេ។
  크놈 먼 쩨h 피어싸 엉글레h 떼
- 영어를 잘 못해요. — ភាសាអង់គ្លេសខ្ញុំមិនល្អទេ។
  피어싸 엉글레h 크놈 먼 러어 떼
- 영어로 설명할 수 없어요. — ខ្ញុំមិនចេះពន្យល់ជាអង់គ្លេសទេ។
  크놈 먼 쩨h 뽄욜 찌어 엉글레h 떼
- 좀 더 천천히 말씀해 주세요. — សូមនិយាយយឺតៗ។
  써옴 닉이어이 여읏여읏

통역을 부탁할 때

- 한국어 하는 사람 있나요? — តើមានអ្នកណាចេះកូរ៉េទេ?
  따으 미언 네악 나 쩨h 꼬레 떼
- 한국인 통역사를 불러주세요. — ខ្ញុំត្រូវការអ្នកបកប្រែកូរ៉េ។
  크놈 뜨러우까 네악 복쁘라에 꼬레
- 한국인 통역사를 불러주시겠어요? — តើអាចរកអ្នកបកប្រែកូរ៉េឱ្យខ្ញុំបានទេ?
  따으 아앗 록 네악 복쁘라에 꼬레 아오이 크놈 바안 떼

곤경에 처했을 때

- 어떻게 하면 좋죠? — តើខ្ញុំត្រូវធ្វើយ៉ាងម៉េច?
  따으 크놈 뜨로우 트워 양메잇
- 심각한 문제가 생겼어요. — ពួកយើងមានបញ្ហាធំហើយ។
  뿌억 여응 미언 빤냐하 톰 하으이
- 지금 곤경에 처했어요. — ខ្ញុំមានបញ្ហាធំហើយ។
  크놈 미언 빤냐하 톰 하으이

분실했을 때

- 유실물 센터는 어디인가요? តើកន្លែងរករបស់បាត់នៅឯណា?
  따으 껀라잉 록 로버h 받 너우 아에나

- 아무리 찾아도 없어요. ខ្ញុំរកមិនឃើញទេ។
  크놈 록 먼 커윈 떼
- 어디서 잃어버렸는지 모르겠어요. ខ្ញុំមិនច្បាស់ថា បាត់នៅកន្លែងណាទេ។
  크놈 먼 쯔바h 타 받 너우 껀라잉나 떼
- 무엇을 잃어 버렸나요? តើអ្នកបាត់អ្វី?
  따으 네악 받 어워이

상황이 위급할 때

- 도와주세요! ជួយផង!
  쭈어이 퍼엉

- 누구 없어요? តើមានមនុស្សនៅទេ?
  따으 미언 머누h 너우 떼
- 경찰을 불러주세요. សូមទូរស័ព្ទហៅប៉ូលីសឱ្យខ្ញុំផង។
  써옴 뚜러삽 하으 뽈리h 아오이 크놈 퍼엉
- 알았으니 해치지 마세요. អូខេ។កុំធ្វើបាបខ្ញុំ។
  오케. 꼼 트워 바압 크놈

경찰서에서

- 도난 신고를 하고 싶어요. ខ្ញុំចង់រាយការណ៍អំពីចោរ។
  크놈 쩡 리어이까아 엄삐 짜오

- 제 여권을 도난당했어요. ចោរលួចលិខិតឆ្លងដែនរបស់ខ្ញុំ។
  짜오 루잇 리컷 츨렁다엔 로버h 크놈
- 지금 한국 대사관으로 연락해 주세요. សូមទាក់ទងទៅស្ថានទូតកូរ៉េ ឥឡូវនេះ។
  써옴 떼악또옹 떠우 스탄뚜웃 꼬레 에일러우 니h
- 찾으면 한국으로 보내주세요. បើរកអ្នកឃើញ សូមផ្ញើទៅកូរ៉េផង។
  바으 네악 록 커윈 써옴 프냐으 떠우 꼬레 퍼엉

사고를 당했을 때

- 의사를 불러주세요. សូមហៅគ្រូពេទ្យ។
  써옴 하오 끄루뻬엣

- 진료를 받고 싶은데요. ខ្ញុំចង់ជួបពេទ្យ។
  크뇸 쩡 쭈업 뻬엣
- 제 친구가 교통 사고를 당했어요. មិត្តខ្ញុំជួបគ្រោះថ្នាក់ចរាចរណ៍។
  먿 크뇸 쭈업 끄루어h트낙 쩌라쩌
- 친구가 차에 치었어요. ឡានបុកមិត្តខ្ញុំ។
  란 복 먿 크뇸
- 그를 병원으로 데려가 주시겠어요? តើអ្នកអាចយកគាត់ទៅពេទ្យបានទេ?
  따으 네악 아앗 요옥 꼬앗 떠우 뻬엣 바안 떼

몸이 좋지 않을 때

- 몸이 아파요. ខ្ញុំឈឺ។
  크뇸 츠

- 멀미가 나요. ខ្ញុំមានអារម្មណ៍ចង់ឈឺ។
  크뇸 미언 아럼 쩡 츠
- 몸이 좋지 않아요. ខ្ញុំមិនស្រួលខ្លួន។
  크뇸 먼 쓰루얼 클루언
- 몸 상태가 이상해요. មានអារម្មណ៍ថា ខ្លួនខ្ញុំចំលែក។
  미언 아럼 타 클루언 크뇸 쩜라엑

약국에서

- 처방전이 있어요? តើមានវេជ្ជបញ្ជាទេ?
  따으 미언 위찌악바윈찌어 떼

- 이 처방전 약을 주세요. សូមឱ្យថ្នាំតាមវេជ្ជបញ្ជានេះ។
  써옴 아오이 트남 따암 위찌악바윈찌어 니h
- 이 약의 복용법을 알려주세요. តើថ្នាំនេះលេបយ៉ាងម៉េច
  따으 트남 니h 렙 양메잇
- 부작용이 있나요? តើថ្នាំនេះ មានផលប៉ះពាល់ទេ?
  따으 트남 니h 미언 퍼얼 빠h 뽀알 떼

Unit 10 귀국할 때 ពេលអ្នកត្រលប់មកវិញ

귀국할 때 쓰는 표현 Best 3

- 인천행을 예약하고 싶어요. — ខ្ញុំចង់កក់សំបុត្រទៅអ៊ីនឆន់។ 크뇸 쩡 꺽 썸벗 떠우 인천
- 예약을 확인하고 싶어요. — ខ្ញុំចង់បញ្ជាក់ការកក់របស់ខ្ញុំ។ 크뇸 쩡 바읜쩨악 까아 꺽 로버h 크뇸
- 예약을 변경하고 싶어요. — ខ្ញុំចង់ដូរការកក់របស់ខ្ញុំ។ 크뇸 쩡 도오 까아 꺽 로버h 크뇸

기본단어

한국어	캄보디아어	발음
예약하다	កក់	꺽
탑승객	អ្នកដំណើរ	네악 덤나으
확인하다	បញ្ជាក់	바읜쩨악
재확인하다	បញ្ជាក់ម្ដងទៀត	바읜쩨악 머덩 띠얻
취소하다	លុប	롭
대한항공 카운터	បញ្ជរក្រុមហ៊ុនខូរៀន អ៊ែរ	바읜쪼 크롬훈 코리언 에어
면세점	ហាង	하앙
면세	ឥតគិតពន្ធ	엇 끗 뽄
탑승권	កាតជិះយន្តហោះ	깟 찌h 욘허h
수하물	ឥវ៉ាន់	에이완
기내 휴대용 가방	កាបូបយួរឡើងយន្តហោះ	까봅 유어 라응 욘허h
수하물을 부치다	ផ្ញើ	프냐으
입국 신고서	កាតអន្តោប្រវេសន៍	깟 언따오 쁘러웨이h
신고하다	រាយការណ៍	리어이까아
세관 신고서	លិខិតប្រកាសគយ	리컷 쁘러 까h 꼬이
무게 제한	ទំងន់កំណត់	똠응온 껌넛

귀국할 때 많이 쓰는 핵심표현

귀국편을 예약할 때

- 인천행을 예약하고 싶어요. ខ្ញុំចង់កក់សំបុត្រយន្តហោះទៅអ៊ីនឆន់។
  크놈 쩡 꺽 썸벗 욘허h 떠우 인천
- 7월 16일 인천행 항공편이 있나요? តើមានសំបុត្រទៅអ៊ីនឆន់ថ្ងៃទី១៦ ខែកក្កដាទេ?
  따으 미언 썸벗 떠우 인천 틍아이 띠 덥 쁘람 무어이 카에 까까다 떼
- 대기자 명단에 올려주세요. សូមដាក់ខ្ញុំក្នុងបញ្ជីរអ្នករងចាំ។
  써옴 닥 크놈 끄농 바읜찌 네악 롱짬

예약을 확인할 때

- 예약을 확인하고 싶어요. ខ្ញុំចង់បញ្ជាក់ការកក់របស់ខ្ញុំ។
  크놈 쩡 바읜쩨악 까아 꺽 로버h 크놈
- 한국에서 예약했어요. ខ្ញុំបានកក់សំបុត្រនៅកូរ៉េ។
  크놈 바안 꺽 썸벗 너우 꼬레
- 예약이 확인됐습니다. ការកក់របស់អ្នក ត្រូវបានបញ្ជាក់រួចហើយ។
  까아 꺽 로버h 네악 뜨러우 바안 바읜쩨악 루잇 하으이

예약을 변경할 때

- 예약을 변경하고 싶어요. ខ្ញុំចង់ប្តូរការកក់។
  크놈 쩡 쁘도 까아 꺽
- 금연석으로 바꿀 수 있나요? តើខ្ញុំអាចដូរកៅអីទៅកន្លែងគ្មានផ្សែងបារីបានទេ?
  따으 크놈 아앗 도오 까우에이 떠우 껀라잉 크미언 프싸잉 바러이 바안 떼
- 7월 1일로 바꿔주세요. ខ្ញុំចង់ដូរទៅថ្ងៃទីមួយ ខែកក្កដា។
  크놈 쩡 도오 떠우 틍아이 띠 무어이 카에 까까다

예약을 취소할 때

- 예약을 취소해 주세요. សូមលុបការកក់របស់ខ្ញុំ។
  써옴 롭 까아 껑 로버h 크뇸

- 예약을 취소하고 싶어요. ខ្ញុំចង់លុបការកក់។
  크뇸 쩡 롭 까아 껑
- 예약을 취소할 수 있나요? តើខ្ញុំអាចលុបការកក់បានទេ?
  따으 크뇸 아앗 롭 까아 꺼억 바안 떼
- 죄송하지만 예약을 취소해야겠습니다. ខ្ញុំសុំទោសដែលលុបការកក់របស់ខ្ញុំ។
  크뇸 쏨 또h 다엘 롭 까아 꺼억 로버h 크뇸

공항으로 갈 때

- 히스로 공항으로 가 주세요. សូមទៅព្រលានយន្តហោះហ៊ីស្រ៊ូ។
  써옴 떠우 쁘롤리언 욘허h 히스로

- 빨리 가 주세요. 늦었어요. សូមលឿនបន្តិច។ ខ្ញុំយឺត។
  써옴 르언 번뗏. 크뇸 여읏
- 공항까지 얼마나 걸릴까요? តើទៅព្រលានយន្តហោះ ចំណាយពេលប៉ុណ្ណា?
  따으 떠우 쁘롤리언 욘허h 쩜나이 뻴 뽄나
- 공항까지 택시 요금이 얼마인가요? ទៅព្រលានយន្តហោះ អស់ថ្លៃតាក់ស៊ី ប៉ុន្មាន?
  떠우 쁘롤리언 욘허h 어h 틀라이 딱씨 뽄만

탑승 수속을 할 때

- 탑승 수속은 어디서 하나요? តើកន្លែងចុះឈ្មោះឡើងយន្តហោះនៅឯណា?
  따으 껀라잉 쪼h 츠무어h 라응 욘허h 너우 아에나

- 짐을 여기에 놓아도 되나요? តើខ្ញុំអាចដាក់ឥវ៉ាន់នៅទីនេះបានទេ?
  따으 크뇸 아앗 닥 에이완 너우 띠 니h 바안 떼
- 창가쪽으로 주세요. ខ្ញុំយកកៅអីជាប់បង្អួច។
  크뇸 요옥 까우에이 쪼압 벙오잇
- 친구와 같은 좌석으로 주세요. ខ្ញុំចង់អង្គុយជាប់មិត្តភ័ក្រខ្ញុំ។
  크뇸 쩡 엉꼬이 쪼압 멋페악 크뇸

수하물을 접수할 때

- 맡길 짐이 있나요? តើអ្នកមានឥវ៉ាន់ត្រូវផ្ញើទេ?
  따으 네악 미언 에이완 뜨로우 프냐으 떼

- 가방을 맡길게요. ខ្ញុំផ្ញើកាបូប។
  크뇸 프냐으 까봅
- 이것은 기내에 가지고 들어가도 되나요? តើខ្ញុំអាចយករបស់នេះឡើងយន្តហោះបានទេ?
  따으 크뇸 아잇 요옥 로버h 니h 라응 욘허h 바안 떼
- 무게 제한이 얼마인가요? តើទំងន់កំណត់ប៉ុន្មាន?
  따으 똠응온 껌넛 뽄만

공항 면세점에서

- 면세점은 어디 있나요? តើហាង duty- free shop នៅឯណា?
  따으 하앙 듀티프뤼 숍 너우 아에나

- 한국 돈 받으시나요? តើយកលុយវ៉ុនកូរ៉េទេ?
  따으 요옥 로이 원 꼬레 떼
- 미국 달러만 받습니다. យើងយកតែលុយដុល្លារទេ។
  여응 요옥 따에 로이 돌라 떼
- 한국에 가지고 들어갈 수 있나요? តើខ្ញុំអាចយកចូលកូរ៉េបានទេ?
  크뇸 아잇 요옥 쪼올 꼬레 바안 떼

귀국편 기내에서

- 식사는 언제 나와요? តើពេលណាគេយកអាហារមក?
  따으 뻴 나 께 요옥 아하 모옥?

- 기내 면세품을 사고 싶어요. ខ្ញុំចង់ទិញទំនិញ duty-free shop។
  크뇸 쩡 떼인 에이완 듀티프뤼 숍
- 입국카드 작성법을 알려주세요. សូមប្រាប់ខ្ញុំពីរបៀបបំពេញសលាកប័ត្រចូលផង។
  써옴 쁘랍 크뇸 삐 로비업 범빼인 쌀락까밧쪼올 퍼엉
- 인천에 제 시간에 도착하나요? តើយន្តហោះទៅដល់អ៊ីនឆន់ ទៀងម៉ោងទេ?
  따으 욘허h 떠우 덜 인천 띠엉 마옹 떼

현지에서 바로 쓰는

동남아 5개국 여행회화

PHILIPPINES
-ENGLISH-

THAILAND

VIETNAM

LAOS

CAMBODIA

PHILIPPINES
-ENGLISH-

THAILAND

VIETNAM

LAOS

CAMBODIA